LE ORIGINI DI FIRENZE

di Giovanni Caselli

ISBN 9798868494444

l'Universale

Giovanni Caselli privilegia *L'Universale* affidandogli la pubblicazione di questo breve saggio sulle origini della sua città che ritiene debba essere narrata da chi l'ha conosciuta.
Cortona, 2023

Sommario

Introduzione dell'autore

Chi scrive è nato sulla sponda sinistra dell'Arno a 5 chilometri dal centro di Firenze. L'Arno con la sua doppia curva giustamente definita il Girone, rinchiudeva il nostro podere ad est e a nord.

Un podere mezzadrile provvisto di una casa colonica tra le più dignitose e confortevoli che le riforme leopoldine abbiano prodotto. Su un lato della casa correva la strada che portava al traghetto al centro della curva del fiume. Sulla destra della strada c'era il cancello della villa La Massa, una tipica villa fiorentina proprietà di un antiquario inglese (Mr Procter) il cancello rimaneva sull'angolo della strada che scendeva da Candeli al cancello la strada svoltava verso sinistra per andare a Casavecchia e la Nave a Rovezzano. Al di là di questa strada c'era il podere della famiglia Sarti, mentre ad ovest confinante col nostro podere c'era, delimitato da un fossetto, il podere dei fratelli Signori di cognome, soprannominati "Fraolone" e "Rèspice".

All'interno della curva l'Arno depositava molta *rena, renone* e *agliaia* (ghiaia), che veniva dragata da un gruppo di renaioli provvisti di arnesi e barchetti appositi. Uno dei renaioli era mio zio, Irio Del Soldato, il tipico zio complice del nipote. Gli altri erano i due fratelli Fortunello e Nandino, figli di *"Stoppino"* Ermini di cognome, poi c'era *Birilli* di Casavecchia il Cianfanelli, e a volte arrivava il *Lontra*, dal Girone.

Ogni giorno arrivava Battaglia, con il carro capace di due metri quadri di rena, trainato da un cavallo di razza belga, di grossa taglia. Sulla strada di Casavecchia di faccia al podere del Sarti avevamo il garage del barroccio e del calesse e la stalla della nostra cavalla. La casa era rivolta verso il podere e l'Arno impostata su un cortile racchiuso da un muro con portone di legno. Di fronte, tra la casa c'era l'aia per battere il grano delimitata dalla rete dell'orto. Dentro il cortile c'erano gli ingressi alle stalle delle vacche e delle mucche, al fienile, alla rimessa e la scalinata scoperta che portava al primo piano in cucina. Il porcile era esterno accanto alla concimaia, dietro i pagliai. Sotto la rampa della scala c'era l'ingresso della cantina. Dalla cucina si accedeva alle "stanze" seccare la roba e per i bachi da seta ed infine alle camere da letto con in fondo il cesso che scaricava nel lato lontano dietro casa dove c'era il bottino. Davanti alla casa, tre. 4 metri di distanza, oltre l'aia c'era l'orto da una parte e i pagliai, il legname la capanna per gli attrezzi con la concimaia dall'altro. Più distante incominciava il podere, che era ovviamente a coltura promiscua, con filari di alberi da frutto e viti, seminato a foraggio. Poi, più lontano, a metà podere, il terreno scendeva di livello con un balzo di circa un metro, con fossetta oltre la quale c'era l'uliveto e dove si cresceva il grano.

L'Arno che veniva da Vallina veniva a diritto incontrandosi contro il muraglione della Villa, che rimaneva a qualche metro di altezza sul livello del fiume il quale curvando produceva un vortice, dove l'acqua era pericolosamente profonda. Il livello del podere sostenuto e protetto in parte da muro o altrimenti dal terreno più alto sostenuto da arbusti e acacie. Laddove il livello del campo si abbassava c'era un muraglione di protezione con una apertura a cataratta che se occorreva poteva servire per irrigare eventuali piantagioni che lo richiedessero, ma tutte le coltivazioni erano "a secco", non richiedendo acqua in alcun luogo. L'orto veniva innaffiato con secchie a mano. Oltre l'Arno era Comune di Fiesole e la veduta delle colline fiesolane mostrava Settignano con le sue case spicciolate tra gli uliveti. Sulla riva del fiume correvano la ferrovia per Arezzo e Roma e la Strada Aretina per Pontassieve e Forlì o Arezzo. Sulla sponda la scarpata scendeva sino al livello dell'acqua dove erano le case del Girone e i suoi mulini e i suoi ladri.

Noi eravamo amministrativamente, per pochi metri, nel comune metropolitano di Bagno a Ripoli, confinante con Firenze. Comunque il cupolone si innalzava sull'orizzonte al di sopra dei ciliegi e dei peschi, esibendo la sua mole fiancheggiata dal campanile di Giotto che pareva essere accanto alla torre del Palazzo Vecchio.

A meno di un chilometro a sud c'erano le case di *Maddìo* e verso est, Candeli che con la sua chiesa arroccata dominava la nostra pianura. Sul piazzale della chiesa di Sant'Andrea c'erano un convento di suore francescane e l'asilo infantile con alle prime due classi elementari. Le altre classi erano a mezza costa tra la rocca della chiesa in un edificio che per la forma era detto "Il bastimento", più avanti la pianura, laddove transitava la strada di Villamagna che partendo da Firenze, portava scendendo diretta a sinistra verso Rosano e salendo a destra andava, per Villa La Tana alla Pieve di Villamagna.

****

Fu nei primi giorni di scuola quando, in terza elementare, sentii parlare di "Civiltà dei fiumi". Noi usavamo il nome Arno come sinonimo di "fiume", un fiume era da noi definito come "un Arno". Mi meravigliai sentendo i miei parenti di Sangodenzo riferirsi al fosso, giù in basso come "il Fiume", non aveva un nome.

La maggior parte delle città non solo in Europa, sono situate su fiumi: Le prime civiltà della storia, Ur, Eridu, Lagash, Uruk, Nippur, Babilonia, Mari, Samarra, Assur, Ninive, crebbero tutte su grandi fiumi, per questo furono chiamate in

Mesopotamia le Civiltà dei fiumi, ma su tutti i fiumi si sono sviluppate civiltà e non solo le più antiche. Infatti Londra, Parigi, tutte le città tedesche, e degli altri paesi europei, incluse Roma, Bologna, Milano, Torino, Firenze, sono situate su fiumi su canali o sul mare. Non c'è civiltà che non sia cresciuta in virtù di adeguati trasporti. I trasporti sono l'elemento indispensabile della civiltà. Dato che il business dell'uomo è la produzione per la riproduzione. La civiltà si è sviluppata con la produzione, garantita dai fiumi o dalle acque, che consentono il trasporto dei prodotti alimentari e dei manufatti. L'agricoltura necessita di acqua non solo per crescere i prodotti, ma per distribuirli. I fiumi consentono o facilitano i contatti fra i gruppi umani, contatti che stimolano e causano lo sviluppo delle società umane. Molti sono gli esempi di città che si sono sviluppate lungo i fiumi in posizioni strategiche, sia dove il fiume era traversabile o dove vi era un affluente. Due fiumi che confluivano avevano vantaggi soprattutto difensivi ma non solo.

Molti sono gli esempi di città o empori cresciuti nell'interno di un territorio dove un fiume si addentrava all'interno il più lontano possibile. Il caso dell'East Anglia e degli insediamenti Sassoni all'interno del territorio è palese.

Non è stato affatto palese il caso dell'Etruria interna. Solo Giacomo Caputo, Soprintendente all'archeologia di Firenze, dal 1951 al 1959, dichiarava in mia presenza che la navigabilità dell'Arno aveva avuto un ruolo nella penetrazione della cultura Villanoviana e Orientalizzante nel territorio fiorentino. Naturalmente questa affermazione aveva un carattere casuale, niente di scientifico, era una semplice osservazione, ma chi scrive se la registrò nel suo DNA. Tenendo presente il fatto che nessuna città, paese, borgo, castello o crocevia è lì dov'è per puro caso, io che ho avuto sotto gli occhi Firenze da quando gli occhi li ho aperti, mi sono chiesto perché Firenze è lì dove si trova?

I motivi sono molteplici: il primo è dovuto alla viabilità naturale o spontanea che l'uomo istintivamente intercetta per spostarsi su un territorio. Una capacità questa, spiccatissima nei nostri antenati, ma da noi perduta. Il Fiume Reno che consente all'uomo di raggiungere in centro della catena appenninica nel punto in cui l'uomo antico ha intercettato come migliore punto di attraversamento della catena montana – dove si trova oggi Bologna – questa via spontanea conduce sulla pianura fiorentina tra le attuali Prato e Sesto, sulla sponda di un affluente dell'Arno che consente la navigazione verso ovest fino a Pisa sul Mar Tirreno e verso il centro orografico della regione toscana ad est dove vie d'acqua naturali si collegano col Tevere che abbracciando tutta la regione naturale della Toscana si riversa anche questo sul Tirreno. Firenze sorge sul più vicino guado del fiume Arno proprio dove un sistema collinare detto Anti-appennino dai geologi, conduce per via di terra, traversando il solo fiume Paglia mediante un facile guado, a Roma precisamente dove l'Isola Tiberina offre il più facile attraversamento del Tevere, dove potevano giungere vascelli dal mare e dove oltre il fiume, ancora per vie spontanee si poteva raggiungere la Campania.

La continuità geomorfologica tra i siti di Bologna, Firenze e Roma spiega la posizione di queste città prodotto della natura e della percezione che di essa aveva l'uomo antico. Il resto è storia, frutto dell'opera e degli eventi umani imprevedibili.

Durante gli anni in cui Firenze fu capitale d'Italia, in attesa che Roma venisse liberata 1865 al 1871. Il governo italiano, che sotto l'influenza di Goethe e della moda del neoclassico, non vedeva di buon occhio il medioevo, specialmente il "tritume del centro della città dove si trovava il ghetto ebraico, diede il compito di dare a Firenze un aspetto più dignitoso, adeguato per una capitale famosa o apprezzata allora non per lo splendore del suo XIV secolo m per il Rinascimento. Di questa trasformazione di Firenze fu dato il compito a un personaggio l'urbanista Giuseppe Poggi

La "trasformazione" di Firenze in "Fake Renaissance city" fu drastica: alcune zone della città vennero completamente ricostruite, come Piazza della Repubblica, dove sorgeva l'antico mercato cittadino. Le mura medievali furono abbattute per dar luogo a dei viali di circonvallazione che al di fuori avevano quartieri ottocenteschi con giardini e grandi piazze, sulla riva sinistra del fiume le colline si costellarono di ville signorili e di un grandioso piazzale che consentiva una magnifica veduta panoramica dell'intera città dove la circonvallazione era costituita da un Viale dei Colli, alberato e molto elegante. Nella zona adiacente allo spettacolare centro cittadino che recuperava lo spazio del foro della città romana fu appropriatamente edificato sul vecchio getto ebraico, il quartiere delle banche.

Qui, nella parte più alta della città gli scavi misero in luce a circa 10 metri di stratificazioni alluvionali, non sono resti cospicui della Firenze romana, ma più sotto, un vasto cimitero villanoviano ad incinerazione con numerose urne cinerarie a pozzetto. Nello spazio tra il cimitero e il torrente Affrico, che da Via del Proconsolo correva per Piazza San Firenze gettandosi in Arno dove è oggi Piazza dei Giudici. Vi erano le capanne del villaggio che doveva essere vasto, giudicando dal numero dei morti. Tra il cimitero e l'insediamento furono rinvenuti cippi di tipo fiesolano, che dovrebbe definirsi invece fiorentino.

Come scrisse Mario Lopes Pegna, è da sempre esistita a Firenze la convinzione che la città dovesse le sue prime origini all'etrusca Fiesole, questa convinzione fu accolta dai cronisti del 200 a Gino Capponi nella sua *Storia della Repubblica di Firenze* (1875), Vol 1, Pag.1 *"Non è dubbio che Firenze, chiamata da prima, come alcuni credono, o Villa Arnina o Camarzo, fosse nel suo cominciamento una borgata dell'etrusca Fiesole. Questa dal monte sulla cui vetta sedeva, inviava con l'estendersi dei traffici i suoi mercanti giù nel piano emerso dalle acque, poiché il fiume Arno, rotte altre chiuse che lo impedivano, si fu aperta una via tra i massi della Golfolina"*. Lo storico Giovanni Lami cercò di dimostrare l'esistenza di una Firenze etrusca, ma il suo tentativo fu reso vano dall'erronea interpretazione dei ritrovamenti archeologici (Giovanni Lami *"Lezioni di antichità toscane e specialmente fiorentine"*. Firenze 1766. Vol 1, Lez. XI, criticato da Guglielmo Maetzke in *Florentia*, 1941 Pag 5.

Il Davidson fu sviato nella sua deduzione per la scarsa sua conoscenza dei sistemi costruttivi degli Etruschi. Egli postulò che gli Etruschi fiesolani avessero fondato, verso il 200 a.C. una loro colonia nella piana dell'Arno. Infatti, a San Salvi e Piazza Donatello. Poco dopo la pubblicazione dell'edizione tedesca di *Geschichte von Florenz*, Berlino. 1896, Milani, un noto archeologo fiorentino criticò energicamente l'ipotesi, che il Davidson ribadì in maniera assoluta in una lunga nota pubblicata nell'edizione italiana del suo libro. L'infondatezza dell'ipotesi del Davidson fu dimostrata nel 1929 quando vennero in luce, vicino San Salvi e presso il ponte sull'Affrico, sull'angolo di Via Gioberti e via Villari, diverse tombe barbariche nella cui costruzione erano stati impiegati materiali romani di età imperiale. Altri ritrovamenti di edifici romani e di un piccolo cimitero, adiacente a un pago rurale romano situato lungo la Via Cassia Vetus. Il Davidson aveva male interpretato archeologicamente questi reperti. Furono interpretate male anche le mura che dettero il nome al monastero di San Giusto alle mura del XIII secolo. Queste mura erano state male interpretate anche dal Lami che le ritenne in epoca longobarda. Insomma queste mura non erano etrusche. Non vi era città etrusca, ma nel centro di Firenze c'era un considerevole cimitero villanoviano con relativo insediamento capannicolo: Si può ipotizzare che la nascita di Gonfienti o Bisenzio, nel VII secolo, fu una scelta logistica migliore del sito villanoviano che doveva poi essere colonia romana. Bisenzio etrusca era posizionata in modo più adeguato per ricevere merci da Pisa ed inviarle a Bologna su groppa di asino o di mulo. Solo un paio di secoli più tardi il vecchio approdo villanoviano divenne il porto di Fiesole che si era intanto formata come città santuario per il culto delle acque a metà del colle lunato agglomerando una serie di piccoli insediamenti sparsi sul crinale tra l'Arno e la Sieve. In conclusione si può ipotizzare un arrivo di esploratori villanoviani da Bologna, discesi su Palastreto, dalla via della Calvana sulle propaggini collinari di Sesto, scesi dal Monte Morello, per poi risalire verso il guado dell'Arno dove si insediarono sulla via naturale che correndo sul crinale dei Monti del Chianti, portava a Roma e lungo il suo percorso si irradiavano crinali con vie naturali conducenti esattamente verso i siti di tutte le future città etrusche del Tirreno.

Il popolo dalla memoria labile

Recentemente sono stati riportati alla luce i resti dell'antico porto fiorentino, quello del Pignone, che fino ai primi del Novecento fu attivo nell'area contenuta tra il Torrino di Santa Rosa e la riva opposta alle Cascine. Questo porto, forse sorto sui resti di uno ancora più antico di età romana, ebbe il suo massimo splendore durante il potere dei Lorena. Infatti, in seguito all'abolizione dei dazi del grano, avvenuto nel 1766, questo scalo fluviale vide aumentare vertiginosamente l'importazione ed il traffico di viveri e merci. Merci provenienti principalmente da Livorno e trasportate con delle imbarcazioni da carico chiamate navicelli. Lo sviluppo commerciale del porto cittadino favorì nella zona, tra il fiume e la vicina strada regia postale per Livorno, la nascita di un piccolo borgo, abitato da commercianti, artigiani e barcaioli. Quest'area prese quindi dal porto il nome di Pignone, toponimo mantenuto fino ad oggi (Lungarno del Pignone e Lungarno del Pignoncino). Tale denominazione deriverebbe dal latino pinna (merlo delle mura), termine utilizzato nell'antichità per indicare un rostro, cioè un muraglione a barbacane, che, come nel caso del porto fiorentino, svolgeva una funzione difensiva. (Articolo Pubblicato sulla rivista Firenze Informa. Testo e foto di Roberto Di Ferdinando.)

****

Il porto del Pignone non fu però l'unico storico scalo fluviale cittadino, si ricorda infatti anche quello della Porticciola delle Travi davanti a piazza Mentana. Qui arrivava il legname (da cui il nome delle Travi) delle foreste del Casentino e di Vallombrosa; i tronchi d'albero infatti legati con canapi, diventati zattere, erano trasportati dalla corrente giù lungo il Valdarno fino a Firenze. Sui tronchi destinati alle opere pubbliche, in particolare alla Fabbrica dell'Opera del Duomo, erano incise le lettere UFO (*semplificazione di Usum Fabricae Operis*) che indicavano che quel materiale era esente dal pagamento dei tributi per la dogana, da qui l'origine dell'espressione vernacolare: "A UFO", che sta infatti ad indicare qualcosa di gratuito. Il Porticciolo delle Travi fu smantellato a metà del Duecento per fare posto al Ponte alle Grazie.

Questo testo di Di Ferdinando ricorda a noi fiorentini, cose già udite, magari in gioventù, e poi dimenticate. La nostra abitudine di viaggiare velocemente per le strade, con mezzi di trasporto veloci e comodi, ha reso labile la memoria eliminando spesso la capacità di riflettere sul mondo dei trasporti precedente alle strade e ai mezzi moderni. Tanto è vero che molti storici e archeologi, paiono incapaci di immaginare come gli antichi viaggiavano. Leggo cose assurde a questo proposito.

Se si riflette sul fatto che le strade transappenniniche della Toscana erano per la maggiore, per non dir tutte, impraticabili per i veicoli a ruote, come testimoniano anche i viaggiatori del Grand Tour, i quali parlano di strade impraticabili anche attorno a Firenze, come si scopre leggendo Montaigne, Goethe, o l'inglese Tobias Smollett. Per chi vuole avere un'idea precisa, non c'è niente di più facile che andare in Mugello e recarsi sul Passo dell'Osteria Bruciata oppure in Casentino e fare il Passo dell'Alpe di Serra. In epoca romana e anche etrusca quando si dovevano trasportare merci pesanti oppure marmi e pietre da costruzione si preferiva il trasporto per via di mare che circumnavigava la penisola lungo costa. Basta leggere sul battello del Brunelleschi, detto *Il Badalone*, che portò i marmi di Carrara a Firenze per l'Opera del Duomo, costeggiando il Tirreno e risalendo l'Arno da Livorno mediante il canale Arnaccio che collegava Livorno all'Arno. Il porto Romano di Firenze era dove oggi è il Ponte alle Grazie e Piazza Santa Croce era un capace bacino portuale.

Secondo quanto si sostiene a proposito della penetrazione dei Villanoviani in Toscana e la loro colonizzazione di vari siti lungo la costa tirrenica a sud del Tevere, possiamo ipotizzare che i Villanoviani abbiano raggiunto l'area di Firenze attraverso l'Appennino e abbiano quindi raggiunto Pisa, dove munitisi di adeguati vascelli, abbiano navigato approdando presso luoghi di loro scelta sino a Pontecagnano. Dal Marecchia avranno seguito la costa adriatica e risalendo il Marecchia fin sotto l'Appennino, lo abbiano varcato dal passo di Via Maggio o da Bocca Trabaria per guadagnare il Tevere tutto perfettamente navigabile fino ad Ostia come scrive Plinio il Giovane (*Lib. V, VI - Lettera a Domitius Apollinaris*). Alternativamente seguendo poi le vie commerciali delle transumanze di Verucchio si sarebbero diffusi in vari luoghi della Toscana interna raggiungendo infine il Tirreno al porto di Vetulonia.

La possibilità di raggiungere la montagna sacra del Falterona mediante l'Arno e la Sieve consentì la colonizzazione della Val di Sieve, della Moscia e la discesa in Casentino inizialmente raggiungendo Ama, ed in seguito Poppi.

Mario Lopes Pegna, uno dei più chiari storici di Firenze, diceva che escludendo l'ipotesi di un Firenze etrusca dobbiamo saggiare la validità dell'ipotesi di una Firenze sorta come colonia romana esclusivamente per ragioni militari a guardia del passo sull'Arno (*"L'origine di Firenze"*, Poggibonsi, 1957). In epoca repubblicana il passo sull'Arno era un tratturo poiché la *Via Cassia Vetus* arrivava a Fiesole lungo le colline a nord dell'Arno essendo rimasta sulla destra del fiume fin da Arezzo.

Mario Lopes Pegna, sosteneva che *"La perfetta corrispondenza che presenta la suppellettile delle tombe arcaiche fiorentine con gli oggetti costituenti il corredo funebre delle necropoli "villanoviane" dell'agro di Bologna (Benacci I e II), fa supporre che lo scavalcamento dell'Appennino sia stato effettuato attraverso la Valle dell'Idice, il Colle di Canda e il Passo del Giogo, donde discesero nel Mugello e le valli dei torrenti Fistona e Mugnone fin sulla ospitale sponda dell'Arno ".* Questa ipotesi non fa che convalidare ciò che chi scrive ha a lungo sostenuto, sulla base del Caniggia e le esplorazioni sul campo una discesa, non su Firenze attraverso il Mugello, ma su Gonfienti, e quindi insediandosi più ad est, ossia in vista del guado dell'Arno. Mario Lopes Pegna era vittima del diffuso errore di molti storici e archeologi che non hanno esperienza del territorio e quindi ritengono, erroneamente, che i fossi e i torrenti, invece dei crinali, siano ovunque le vie di penetrazione naturali: una assurdità.

Durante i lavori di riordinamento del centro di Firenze capitale si rinvenne parte della necropoli villanoviana consistente di ben 4000 mq di estensione che da Via Pellicceria raggiungeva Via del Campidoglio, verso Est Via de' Vecchietti. Furono rinvenuti resti di tipiche urne cinerarie frammentate, una delle quali portava decorazioni incise. Tutto a una profondità di 7 metri sotto l'attuale piano stradale nella zona a sud est di Orsammichele. Lo scavo fu pubblicato nel *Giornale degli Scavi* del 10 dicembre 1895. Fu allora ipotizzato che il villaggio villanoviano si trovasse nel luogo più elevato della pianura prossima all'Arno. All'inizio degli anni 90 sulla sponda destra del fosso Scheraggio, oggi coperto da Via Castellani, gli archeologi mi riferirono che verso il centro di Piazza San Firenze furono trovati frammenti di vasi anatolici dell'VIII secolo a.C. in un fondo di capanna. Presumo che questi reperti siano da porsi nel contesto delle sepolture villanoviane del cimitero poco più ad ovest di Piazza della Repubblica. Dal Milani Reliquie, col. 15 si evince che a causa delle dispersioni di uno scavo non scientifico, insomma una buca, si calcolarono 16 sepolture a fossa e in parte a pozzetto, scavate the i 5 e i 6 metri dal piano stradale di allora e un metro sotto il piano romano. Le tombe erano precisamente in Via Porta Rossa e Via Calimala (4 tombe), in Via Pelliceria (1 tomba), in Via Sassetti (due tombe), in Via Vecchietti (3 tombe), in Via Strozzi (1 tomba) e (6 tombe) in Via del Campidoglio. Tutte le tombe furono scoperte tra il 1892 e il 1898. (*Notizie degli Scavi* 1892, pag. 458 – *Archivio Storico Italiano*, 1895, pag. 210- Milani L.A. *Reliquie di Firenze Antica*, in Monumenti antichi dei Lincei, VI, 1896, pag. 5 e segg.; *Giornale degli Scavi*, anni 1892, 1894, 1895, 1895, 1898, 1906.)

Fu deciso che questa era un'area cimiteriale ben definita, pertinente ad un insediamento Villanoviano che doveva trovarsi lì vicino nel punto più alto. L'architetto Corinto Corinti, autore di famose cartoline del 1928 che documentarono molti edifici distrutti durante i lavori di falsificazione pseudo-rinascimentale di Firenze di Giuseppe Poggi, fu periodicamente presente negli scavi e dichiarò che molte tombe a dolio erano state distrutte specialmente durante la prima – e meno controllata- fase degli scavi (1889- 1891).

Il Milani ebbe ad osservare che le tombe dovevano molto più numerose, molte erano andate distrutte o regalate ad antiquari, a giudicare dai frammenti fittili preromani. Durante gli sterri per

fare le fondamenta del palazzo delle poste, il sor-
vegliante dei lavori scrisse *"Nel fare l'ultima sezione
delle fondazioni di periferia lungo Via Pelliccería, nello
strato di arena, cioè alla profondità di sei metri è venuto
fuori qualche frammento fittile d'impasto rozzissimo,
simile agli orci che racchiudevano le tombe italiche, ivi
prossimo, rinvenute nel 1892."* (Giornale degli Scavi,
17 novembre, 1906).

Luigi Pareti, (Torino, 30 maggio 1885 –
Roma, 8 gennaio 1962) esaminati i cocci e le sup-
pellettili delle tombe villanoviane fiorentine,
trasse la conclusione che queste presentavano una
successione, riguardi all'età, che potevano corrispondere con le più antiche tombe villanoviane
dell'Emilia, note come "Benacci I", le più recenti
databili al "Benacci II", quindi riferibili tra la fine
del X, inizi dell'VIII secolo a.C.

Lopes Pegna scrisse nel 1957, che dobbiamo
trarre la conclusione che la vita del villaggio villanoviano sia terminata nei primi decenni del VIII
secolo a.C. La continuità con l'insediamento villanoviano di Firenze, cosa ignota al Lopes Pegna, la
troviamo nella zona di Sesto Fiorentino, nel territorio del grande emporio etrusco di Gonfienti, del

VII secolo, nelle tombe della Montagnola, di Montefortini e di Comeana.

(Francesco Nicosia, *Il tumulo di Montefortini e la Tomba di Boschetti a Comeana*, Firenze 1966 Francesco Nicosia, *Schedario topografico dell'archeologia dell'Agro fiorentino*, "Studi etruschi" n. 34, 1966)

Si presume che le tombe di Sesto e Prato siano state costruite da Etruschi di Volterra e che questi si siano ritirati a causa di attacchi liguri.

Tuttavia Artimino non ha sofferto perché la vita lì continua ininterrottamente nel periodo ellenistico. Quando Fiesole se era già formata sui colli fiorentini probabilmente su influenze aretine e chiusine.

Lopes Pegna insiste sui presunti assalti dei Liguri sulle colline a nord est di Fiesole, e sugli arrivi dei volterrani sulle colline a sud ovest. Il fatto è che non sappiamo nulla di tutto questo. I cosiddetti liguri non hanno lasciato traccia alcuna, che io sappia, ad est di Lucca. Il toponimo Mugello era in origine una curtis, come lo era il Casentino, o il Chianti, non erano nomi di valli o di aree geografiche.

Il cippo fiesolano di arenaria, a quattro facce,

che dal XII o XIII secolo si trovava sull'angolo della Chiesa di San Tommaso che si trovava dove oggi è l'Hotel Savoy, proviene dal territorio fiesolano. Niente a che fare con una Firenze Etrusca.

****

Se le Paludi di Fucecchio e Bientina non sonno quelle dove Annibale perse un occhio, allora bisogna supporre che si tratti della zona di Firenze ossia da Sesto a Bagno a Ripoli il luogo dove l'esercito di Annibale si impantanò. Se aveva buone guide locali Annibale dovrebbe aver passato l'Arno verso Firenze, che allora era un acquitrino - Polibio, il più affidabile degli storici antichi, dice che Annibale lasciò Fiesole quindi, deve aver traversato l'Arno per risalire verso Impruneta e Strada in Chianti per quindi traversare gli "ubertosi campi etruschi" e raggiungere la piana di Arezzo. Comunque l'esercito di Annibale non avanzava in fila indiana, altrimenti sarebbero occorsi diversi giorni per superare l'Appennino e negoziare le paludi dell'Arno. Durante la guerra sociale Fiesole fu una delle poche città dell'Etruria che si ribellò contro Roma, per cui il Senato inviò Porcio Catone, per vendetta a metterla a ferro e fuoco. Lucio Cornelio Silla vi condusse poi una colonia di veterani, ai quali distribuì le terre confiscate.

E' curioso quanto scrive il Villani del passaggio di Annibale da Firenze:

"Paulo Orosio raccontando in sue storie del fiume d'Arno disse che quando Anibal di Cartagine, tornando di Spagna in Italia, passò le montagne d'Apennino, vegnendo sopra i Romani, ove si combattéo in su·lago di Perugia col valente consolo Flamineo da cui fu sconfitto, in quel luogo dice che passando Anibal l'alpi Apennine, per la grande freddura che v'ebbe, 26 discendendo poi in su i paduli del fiume d'Arno sì perdé tutti gli suoi leofanti, che non ne gli rimase se none uno solo, e la maggiore parte de' suoi cavagli e bestie vi moriro; e egli medesimo per la detta cagione vi perdé uno de' suoi occhi del capo. Questo Anibal mostra per nostro arbitrare ch'egli scendesse l'alpi tra Modona e Pistoia, e paduli fossono per lo fiume d'Arno da piè di Firenze insino di là da Signa: e questo si pruova, che anticamente tra Signa e Montelupo nel mezzo del corso

del fiume d'Arno, ove si ristrigne in piccolo spazio tra rocce di montagne, aveva una grandissima pietra che si chiamava e chiama Golfolina, la quale per sua grandezza e altezza comprendeva tutto il corso del fiume d'Arno, per modo che 'l facea ringorgare infino assai presso ov'è oggi la città di Firenze, e per lo detto ringorgamento si spandea l'acqua del fiume d'Arno, e d'Ombrone, e di Bisenzo per lo piano sotto Signa, e di Settimo, e di Prato, e di Micciole, e di Campi, infino presso a piè de' monti, faccendo paduli. Ma e' si truova, e per evidente sperienzia si vede, che la detta pietra Golfolina per maestri con picconi e scarpelli per forza fu tagliata e dibassata, per modo che 'l corso del fiume d'Arno calò e dibassò, sicché i detti paduli scemaro e rimasero terra guadagnabile. Bene racconta Tito Livio quasi per simili parole, dicendo che 'l passo, e dove s'acampò Anibal, fu tra la città di Fiesole e quella d'Arezzo. Avisiamo che passasse l'alpi a Pennino per la contrada di Casentino, e paduli poteano simile essere tra l'Ancisa e 'l piano di Fegghine, e potea essere o nell'uno luogo o nell'altro, però che anticamente il fiume d'Arno avea in più luogora rattenute e paduli; ma dovechessi fosse, assai avemo detto sopra il nostro fiume d'Arno, per trarre d'ignoranza e fare avisati i *presenti moderni viventi di nostra città, e gli strani che sono e saranno. Lasceremo di ciò, e diremo in brieve de la potenzia che anticamente avea la nostra provincia di Toscana, che si confà a la nostra materia."*

Nel 63 a.C. la pianura sotto Fiesole divenne il quartiere generale dell'esercito rivoluzionario di Catilina e Fiesole rimase praticamente spopolata dopo la strage che concluse nelle montagne pistoiesi, presso Campo Tizzoro, il tentativo disperato dei ribelli. Campo Tizzoro è ricordato nella battaglia di Pistoia del 62 a.C. la quale rappresenta l'evento finale della Congiura di Catilina vedendo contrapposte le legioni guidate da Marco Petreio, luogotenente del console Gaio Antonio Ibrida, dell'esercito di Catilina. La vittoria delle truppe regolari fu conclusiva, quindi Catilina, e gran parte dei suoi fedeli, trovarono la morte.

La leggenda fiorentina di Catilina

Giovanni Villani, lo storico fiorentino più famoso scrisse La "Nuova Cronica" (Nova Cronica) è la cronaca storica in 13 libri, scritta per i primi 11 libri e 102 capitoli da Giovanni Villani, e, dopo la morte di quest'ultimo nel 1348, per i capitoli restanti dai parenti Matteo e Filippo.

Il Villani concepì l'idea di realizzare una cronaca dei fatti a lui contemporanei e della storia della sua città, Firenze, mentre si trovava a Roma, in occasione del primo Giubileo del 1300. Cominciata nel 1308, la redazione dell'opera lo occupò per tutta la vita e rimase incompiuta alla sua morte, avvenuta nel 1348. Fu continuata dal fratello Matteo che la protrasse per altri 11 libri finché non morì a sua volta, nel 1363. I successivi 102 capitoli, che coprono appena un anno, furono composti dal figlio di Matteo, Filippo. L'inizio della Cronaca è pura fantasia e come tutte le cronache e gli annali medievali, solo le storie a lui contemporanee sono affidabili.

Ecco un estratto della Cronaca di Giovanni Villani narrante una tipica leggenda fiorentina sulla presenza di Catilina nella pianura di Firenze.

<h1 style="text-align:center">XXX</h1>

Come in Roma fu fatta la congiurazione per Catellina e suoi seguaci.

Nel tempo ancora che Roma si reggeva a la signoria di consoli, anni da VIcLXXX poiché la detta città fu fatta, essendo consolo Marco Tulio Cecerone e Gaius Antonio, e Roma in grande e felice stato e signoria, Catellina nobilissimo cittadino, disceso di sua progenia della schiatta reale di Tarquino, essendo uomo di dissoluta vita, ma prode e ardito in arme, e bello parlatore, ma poco savio, avendo invidia di buoni uomini, ricchi e savi, che signoreggiavano la città non piacendogli la loro signoria, congiurazione fece con più altri nobili e altri seguaci disposti a mal fare, e ordinò d'uccidere gli consoli e parte de' sanatori, e di disfare loro uficio, e correre, e rubare, e mettere da più parti fuoco nella città, e poi farsene signore. E sarebbegli venuto fatto, se non che fu riparato per lo senno e provedenza del savio consolo Marco Tulio. Così si difese la città di tanta pistilenzia, e trovata la detta congiurazione e tradimento, e per la grandezza e potenza del detto Catellina, e perché Tulio era nuovo cittadino in Roma, venuto il padre da Capova, overo d'un'altra villa di Campagna, non ardì di fare prendere Catellina né giustiziare, come al suo misfatto si convenia; ma per suo grande senno e bello parlare il fece partire della città; ma più di suoi congiurati e compagni, de' maggiori cittadini, e tale dell'ordine de' sanatori che partito Catellina rimasero in Roma, fece prendere, e nelle carcere faccendogli strangolare moriro, sì come racconta ordinatamente il grande dottore Salustio.

XXXI

Come Catellina fece ribellare la città di Fiesole a la città di Roma.

Catellina partito di Roma, con parte de' suoi seguaci se ne venne in Toscana, ove Manlius uno de' suoi principali congiurati e capitano era raunato con gente ne la città antica di Fiesole. E venuto là Catellina, la detta città da la signoria de' Romani fece rubellare, raunandovi tutti gli rubelli e sbanditi di Roma e di più altre province, e gente dissoluta e disposta a guerra e a mal fare, e cominciò aspra guerra a Romani. Li Romani, sentendo ciò, ordinaro che Gaius Antonio consolo e Pu-

blio Preteus con una milizia di cavalieri e popolo grandissimo venissono in Toscana ad oste contro a la città
di Fiesole e contro a Catellina, e mandaro per loro lettere e messaggi a Quintus Metellus che tornava di
Francia con grande oste di Romani, che simigliante
fosse colla sua forza da l'altra parte all'asedio di Fiesole,
e per seguire Catellina e suoi seguaci.

XXXII

**Come Catellina e' suoi seguaci furono scon-
fitti da' Romani nel piano di Piceno.**

Sentendo Catellina che' Romani venieno per ase-
diarlo nella città di Fiesole, e già era Antonio e Preteius
con loro oste nel piano di Fiesole in su la riva del fiume
d'Arno, e aveano novelle come Metello era già in Lombardia coll'oste sua di tre legioni che venia di Francia,
e veggendo che 'l soccorso che aspettava de' suoi ch'e-
rano rimasi in Roma gli era fallito, diliberò per suo consiglio di non rinchiudersi nella città di Fiesole, ma
d'andarne in Francia; e però di quella città si partì con
sua gente e con uno signore di Fiesole ch'aveva nome
Fiesolano, e fece ferrare i suoi cavagli a ritroso, acciò

che pattendosi, le ferrate de' cavagli mostrassono che gente fosse entrata in Fiesole e non uscita, per fare badare i Romani a la città, e poterne andare più salvamente. E di notte partito per ischifare Metello, non tenne il diritto cammino dell'alpi, che noi chiamiamo l'alpe di Bologna, ma si mise per lo piano di costa a le montagne, e arrivò di là ov'è oggi la città di Pistoia nel luogo detto Campo a Piceno, ciò fu di sotto ov'è oggi il castello di Piteccio, per intendimento di valicare per quella via l'alpi Apennine, e riuscire in Lombardia; ma sentendo poi sua partita Antonius e Preteius, incontanente il seguiro co'lloro oste per lo piano, sicché il sopragiunsero nel detto luogo, e Metello d'altra parte fece mettere guardie a' passi delle montagne, acciò che non potesse per quelle passare. Catellina, veggendosi così distretto e che non poteva schifare la battaglia, si mise a la fortuna del combattere egli e' suoi con grande franchezza e ardire, ne la quale battaglia ebbe grande tagliamento di Romani dentro, e di rubelli, e di Fiesolani; a la fine dell'aspra battaglia Catellina fu in quello luogo di Picceno sconfitto e morto con tutta sua gente; e 'l campo rimase a' Romani con dolorosa vittoria, per modo che i detti due consoli, con XX a cavallo scampati sanza più, per vergogna non ardiro tornare in Roma.

La qual cosa da' Romani non si potea credere, se prima i sanatori non vi mandaro per vedere il vero; e quello trovato, grandissimo dolore n'ebbe in Roma.

E chi questa storia più a pieno vuole trovare legga il libro di Salustio detto Catellinario. I tagliati e' fediti della gente di Catellina scampati di morte della battaglia, tutto fossono pochi, si ridussero ov'è oggi la città di Pistoia, e quivi con vili abitacoli ne furono i primi abitatori per guerire di loro piaghe. E poi per lo buono sito e grasso luogo multiplicando i detti abitanti, i Catellina e del rimaso di sua così fatta gente, sconfitta e tagliata in battaglia. Quali poi edificaro la città di Pistoia, e per la grande mortalità e pistolenza che fu presso a quello luogo, e di loro gente e di Romani, le puosero nome Pistoia; e però nonn'è da maravigliare se i Pistolesi sono stati e sono gente di guerra fieri e crudeli intra'lloro e con altrui, essendo stratti del sangue di romani.

XXXIII

Come Metello con sue milizie fece guerra a' Fiesolani.

Da poi che Metello, il quale era in Lombardia

presso a le montagne dell'alpi Appennine nelle contrade di Modona, udita la sconfitta e morte di Catellina, tostamente venne con sua oste al luogo dov'era stata la battaglia, e veduti i morti, per istupore de la diversa e grande mortalità temette, maravigliandosi come di cosa impossibile. Ma poi egli e la sua gente igualmente ispogliò il campo de' suoi Romani come quello de' nimici, rubando ciò che vi trovaro; e ciò fatto, venne verso Fiesole per assediare la città. I Fiesolani vigorosamente prendendo l'arme, usciro della città al piano, combattendo con Metello e con sua oste, e per forza il ripinsono e cacciaro di là dal fiume d'Arno con grande danno di sua gente, il quale co' suoi in su i colli, overo ripe del fiume, s'acampò; e' Fiesolani colloro oste si misero dall'altra parte del fiume d'Arno verso Fiesole.

XXXIV

Come Metello e Fiorino sconfissono i Fiesolani in su la riva d'Arno.

Metello la notte vegnente ordinò e comandò che parte della sua gente di lungi dall'oste de' Fiesolani passassono il fiume d'Arno, e si riponessono in aguato tra la città di Fiesole e l'oste de' Fiesolani, e di quella *gente fece capitano Fiorino, nobile cittadino di Roma della schiatta..., il quale era suo pretore, ch'è tanto a dire come mariscalco di sua oste; e Fiorino, come per lo consolo fu comandato, così fece. La mattina, al fare del giorno, Metello armato con tutta sua gente, passando il fiume d'Arno, cominciò la battaglia a' Fiesolani, e' Fiesolani difendendo vigorosamente il passo del fiume, e nel fiume d'Arno sosteneano la battaglia. Fiorino, il quale era colla sua gente nell'aguato, come vide cominciata la battaglia, uscì francamente al di dietro al dosso de' Fiesolani che nel fiume combatteano con Metello. I Fiesolani, isproveduti dell'aguato, veggendosi subitamente assaliti per Fiorino di dietro e da Metello dinanzi, isbigottiti gittarono l'armi e fuggiro sconfitti verso la città di Fiesole, onde molti di loro furono morti e presi.*

XXXV

Come i Romani la prima volta assediaro Fiesole, e come morì Fiorino.

Sconfitti e cacciati i Fiesolani della riva d'Arno, Fiorino pretore co l'oste di Romani puose campo di là dal fiume d'Arno verso la città di Fiesole, che v'aveva due villette, l'una si chiamava villa Arnina, e l'altra Camarte, overo campo o domus Marti, ove i Fiesolani alcuno giorno della semmana faceano mercato di tutte cose co·lloro ville e terre vicine. Il consolo fece con Fiorino dicreto che niuno dovesse vendere né comperare pane, o vino, o altre cose che ad uso di battaglia fossono, se nonne nel campo ov'era posto Fiorino. Dopo questo, Quinto Metello consolo mandò incontanente a Roma che mandassero gente d'arme all'asedio della città di Fiesole: per la quale cosa i sanatori feciono ordine che Iulio Cesare, e Cecerone, e Macrino con più legioni di genti armati dovessero venire all'asedio e distruzzione di Fiesole; i quali venuti, assediaro la detta città. Cesare puose suo campo nel colle che soprastava la cittade; Macrino ne l'altro colle, overo monte; e Cecerone dall'altra parte; e così stettono per VI anni all'asedio della detta città, avendola per lungo asedio e per fame quasi distrutta. E simigliante que' dell'oste, per lungo dimoro e per più difetti scemati ed afieboliti, si partiro dall'asedio, e si ritornaro a Roma, salvo che Fiorino vi rimase all'asedio con sua gente nel piano ov'era prima acampato, e chiusesi di fossi e di steccati a modo di battifolle, overo bastita, e tenea molto afflitti i Fiesolani; e così gli guerreggiò lungo tempo. Poi assicurandosi

troppo, e avendogli per niente, e li Fiesolani ripresa al-
cuna lena, e ricordandosi del male che Fiorino avea loro
fatto e faceva, subitamente, e come disperati, si misero
di notte con iscale e con ingegni ad assalire il campo,
overo battifolle, di Fiorino, e elli e la sua gente con poca
guardia, e dormendo, non prendendo guardia de' Fie-
solani, furono sorpresi; e Fiorino e la moglie e'figliuoli
morti, e tutta sua oste in quello luogo furono quasi
morti, che pochi ne scamparono; e il detto castello e bat-
tifolle disfatto, e arso, e tutto abattuto per gli Fieso-
lani."

****

Dopo la conclusione della Seconda Guerra Punica come mi diceva Mario Lopez Pegna, sia che si immagini un battaglione di veterani stanziati nell'Agro fiesolano da Silla, oppure se Firenze sia una fondazione cesariana, come suggeriscono tutte le tradizioni medievali; o se Firenze fosse nata come una colonia dedotta durante il secondo triumvirato (43-33 a.C.), poco importa.

Possiamo anche credere che la città sia nata durante il poco noto periodo di transizione dall'età repubblicana a quella imperiale. Sicuramente Firenze nacque come avamposto sui confini dell'Italia. Arezzo romana a oriente sulla frontiera dei Galli e Firenze a occidente dalla parte dei Liguri. Proprio lì dove era stato il villaggio villanoviano, rimasto interrato dalle frequenti alluvioni dell'Arno che era allora un fiume serio, e non un ruscello come lo è oggi per vari chilometri, doveva sorgere la città che nel medioevo fu destinata ad essere la città più grande e importante dell'Occidente, dal punto di vista culturale e anche commerciale.

Potrei dire che per incoraggiamento da parte di Mario Lopes Pegna, proverò a raccontare come nacque e crebbe la mia città natale. Per questo breve ma ambizioso saggio mi avvalgo anche delle ricerche di amici docenti che a loro volta hanno usato tutti i mezzi forniti loro dall'esperienza e dall'informatica, cose che non erano disponibili al buon maestro Lopes Pegna.

Naturalmente se il caffè napoletano è diventato Patrimonio Mondiale UNESCO figuriamoci se non lo è il centro storico di Firenze. Grazie a questa qualifica sono stati disponibili finanziamenti che hanno consentito ricerche inimmaginabili alla fine del secolo scorso.

Il tutto è stato possibile utilizzando analisi spaziali di programmi GIS open source, così mi dicono. I nostri archeologi computerizzati al massimo, dichiarano che la conurbazione Prato- Sesto - Firenze non è dovuta solo alla posizione favorevole per l'impianto di una rete stradale interessata a un transito orientato da nord a sud e nemmeno per l'attraversamento del fiume, ma per la ridotta ampiezza del tratto vallivo, dai piedi delle colline di Montughi ai piedi di quelle di Bellosguardo (E. Scampoli 2010) a ovest dal torrente Mugnone, ad Est dal Fosso S. Gervaso-Scheraggio, a Sud una stretta fascia di terreno consentiva una viabilità costeggiante l'Arno.

Il punto centrale della città vitruviana venne a cadere esattamente ma istintivamente nel rilievo scelto anche da loro istintivamente mille anni prima dai Villanoviani scesi dall'Appennino.

La fondazione della colonia romana di Florentia ha avuto luogo tra il 15 ed il 30 a.C. in base alla tipologia delle sigillate italiche rinvenute in strati che si appoggiavano alla fondazione delle mura di cinta, presso l'odierna via del Proconsolo. Il dato sarebbe poi stato confermato da una situazione stratigrafica analoga nell'indagine di Piazza Signoria. In base a questi rinvenimenti la fondazione della colonia è stata posta in età augustea, mentre la decisione di dedurre la colonia è stata attribuita da vari Autori alla *lex Iulia* del 59 a.C. o in età triumvirale. Il divario cronologico tra la decisione di realizzare la colonia (59 a.C. o 44/41 a.C.) e la costruzione delle mura (30-15 a.C.) trova riscontri in altri casi analoghi.

Shepherd 2008: 17-18; Demarinis, Becattini 1994: 47 e 52; Mirandola 1999: 61; Mirandola 1999: 61.

L. Annio Floro (Africa, 70/75 circa – Roma,145 circa) storico, poeta di origine africana, in un noto passo (*Epitome* II, 9) riferentesi alla prima guerra civile che si concluse con la vittoria di Silla, ci informa sulla sorte dolorosa che toccò ad alcuni municipi dell'Italia allora settentrionale. Lo storico dice che *"municipia Italiae splemdidissima sub hasta venietunt Spoletium, Interamnium, Prenestae, Fluentia"*. Assumendo, come hanno fatto alcuni esegeti, che ritennero *Fluentia* il primo nome di *Florentia*, sfuggì loro il fatto che non avesse senso includere la città dell'Arno con tre città assai lontane e ben note, da questa e del tutto ignota e certamente non *splendidissima* nell'82 a.C.

Infatti altri autori hanno rettificato quel nome con *Ferentinum*. Presumo che al passaggio di Annibale l'area della futura Firenze sia stata un greto naturale formatosi con le innumerevoli alluvioni anche se l'Arno era allora un rustico approdo commerciale di Fiesole. Non solo l'Arno comunicava con Pisa, ma comunicava con i porti Etruschi di Figline, di Arezzo, di Cortona, con sbarchi a Chiusi e Chianciano, comunicava col Tevere che a sua volta serviva da via commerciale da Perugia, Città di Castello e Borgo San Sepolcro. Mediante il Paglia serviva Orvieto e col Tevere Roma e Ostia.

Per quanto concerne i Romani in Etruria settentrionale, la prima colonia fu Lucca dedotta nel 180 per tenere a bada i Liguri in territorio pisano. Pisa fu la porta dell'Etruria interna e la ricchezza della regione etrusca interna è interamente da attribuirsi alla navigabilità dell'Arno e i suoi fiumi e canali collegati.

Il Pareti, (*"La guerra di Catilina"*, Firenze, Le Monnier, 1946) dichiara che "A Fiesole, Silla aveva stanziato una colonia di veterani". Qui va spiegata la differenza tra 'stanziato' e 'dedotto': la deduzione avveniva in territorio disabitato tolto al nemico, lo 'stanziamento' era l'assegnazione coercitiva di un dato numero di veterani a un municipio, senza tuttavia acquistare i corrispettivi benefici giuridici della colonia. Una situazione verificatasi solo sotto la dittatura di Silla. Trattandosi di una spoliazione imposta con la forza. In forza della *Lex Valeria* 82 a.C., Silla aveva potere dispotico, e con questo privò del diritto di cittadinanza il municipio di Fiesole. Egli distribuì due terzi delle terre conquistate con assegnazioni individuali, terreni ai suoi soldati.

Questa estorsione di beni ad inermi cittadini causò infine la rivolta catilinaria che, come dice Lopes Pegna, unì gli oppressi agli oppressori in un comune rancore verso un governo ingiusto. Citando E. Gabba, Lopes Pegna riporta che a Fiesole lo stanziamento di veterani fu notevole, causò un mutamento dei ceti proprietari i quali, si trovarono infine indebitati e costretti ad alienare le derubate proprietà terriere che andarono a finire nelle mani di pochi latifondisti (Gabba E. *"Ricerche sull'esercito professionale romano da Mario ad Augusto"*, in Athenaeum, XXIX (1951) pag. 233) (Cicero, "Pro legge Agraria"). Che Fiesole non sia mai stata, legalmente parlando, una colonia romana è dimostrato da iscrizioni rinvenute nel territorio, le quali parlano solo di *quatuorviri*, che costituivano la più alta magistratura dei municipi romani. Per inciso, a Firenze, che era una vera colonia vi erano invece i *duoviri*.

La tradizione medievale sulle origini di Firenze è la più attendibile tra tutte che esagerano in mitologia offrendo scarsa storicità. Con tutta probabilità la verità sta negli antichi codici fiorentini che attribuiscono a Cesare il ruolo di fondatore di questa città dal nome auspicabile di *Florentia*. Probabilmente ha un fondo di verità l'immagine allegorica che troviamo nei vari testi medievali. Come accade spesso agli archeologi, si trova che le leggende hanno sempre un fondo di verità.

Vincenzo Borghini (29 Ottobre 1515 – 15

Agosto 1580), Si formò come monaco benedettino nella Badia Fiorentina nel 1531. Ebbe durante la sua formazione come maestri Francesco Verini il Vecchio (filosofia), Chirico Strozzi (letteratura greca), Francesco Zeffi (letteratura classica). Entrò in rapporto con Pietro Vettori che era collegato allo Studio fiorentino. Nel 1537 divenne diacono, e fu incaricato dell'insegnamento di grammatica latina. Nel 1539 seguì il suo abate in una visita ai monasteri meridionali: da Perugia a Roma, Montecassino, Napoli fino a Montescaglioso. Questo monaco illuminato dall'umanesimo è ancora noto per aver fatto uno studio organico sulle origini di Firenze basandosi sul principio che non tutto quello che troviamo nei libri dei nostri antichi è fantasia, né tutto è vero. (Borghini, *Discorsi*, 1808, pagg 5-6)

Lopes Pegna, attenendosi al giudizio del Borghini ricompone i frammenti della tradizione per farsi un'idea delle vere origini di Florentia, citando Giovanni Villani il grande storico trecentesco di Firenze, la città che "da modesto nascimento salì sul supremo fastigio di capitale d'Italia". Affidandosi a quella che definisce eloquente testimonianza dei monumenti archeologici vi aggiunge le "preziose notizie medievali", "sfrondate dai romantici intrecci del Duecento e liberata dall'erudito manto dell'*etruscheria* settecentesca, le vicende della prima storia di Firenze incominciano ad emergere dalla foschia di secoli distanti. La tradizione ci tramanda che Giulio Cesare, dopo aver disfatto i fiesolani catilinari, fondò una città nell'estremo piano orientale dell'Arno "accogliendovi la migliore gente di Roma" (Giovanni Villani, *Cronica*, I, 38). Ed è verosimile che Cesare in un intento di pacificare quella regione cosparsa del sangue versato nel drastico procedimento usato da Cicerone contro i Catilinari, fu il magistrato inviato da Roma a vendicare la morte del pretore Fiorino, ed egli da ordine di costruire ai piedi delle colline fiesolane una nuova città. Infatti la realtà storica riporta che nel 90 a.C. fu da Porcio Catone messa per vendetta a ferro e fuoco. (Sallustio, *Bellum Catilinarium*. LI.) (Cicerone, *Oratio in Catilinam*, IV, 4).

Diversi storici hanno confermato o smentito le vicende che legano Firenze o Fiesole a Catilina. Qualcosa di vero deve essere accaduto durante le lotte sociali del 90 a.C. Porcio Catone pare sia stato davvero nell'area di Fiesole all'inizio del primo triumvirato. Comunque sia, istruzione di Fiesole da parte di Cesare o di altri, Firenze si popolò di etruschi fiesolani e di coloni romani insediatisi da Silla nell'80 a. C., Una città acquisisce importanza col mito e dal Medioevo al XVI secolo si sono moltiplicate le storie su Firenze romana, sono stati anche contraffatti documenti scritti.

I resti della Firenze romana, siano essi venuti in luce durante le ristrutturazioni del Poggi o durante interventi recenti di ripavimentazione di piazze o interventi di emergenza durante lavori di scavo per fognature o ristrutturazioni di edifici e chiese, gettano luce non sulla storia, ma sull'industria e la vita quotidiana. Tutte queste informazioni oggi digitalizzate rivelano una città cosmopolita, abitata da genti di ogni parte dell'Impero e niente affatto una città abitata da etruschi discesi dai colli e dai sili legionari di Cesare, che ottennero terreni della centuriazione dell'area suburbana.

Tutti i risultati di queste indagini, antiche e

moderne sono confluiti nel progetto 'GIS *(Data-base e geographical information system)* per la gestione e valorizzazione dei beni archeologici del Centro Storico di Firenze' per il Piano di Gestione del sito UNESCO, curato dall'Ufficio Centro Storico Patrimonio Mondiale UNESCO del Comune di Firenze. I principali responsabili di questo progetto sono stati il compianto Prof Riccardo Francovich e il prof. Guido Vannini, ambedue carissimi amici e maestri di chi scrive.

Il Comune di Firenze, tramite l'Ufficio Centro Storico Patrimonio Mondiale UNESCO, ha finanziato la realizzazione di una carta digitale di rischio archeologico del centro storico fiorentino. Il lavoro è stato eseguito in collaborazione con la Soprintendenza Archeologica della Toscana ed ha portato alla definizione di coefficienti di rischio all'interno del centro storico (area sottoposta a vincolo archeologico generico). Il fine era quello di fornire valori di dettaglio per ogni punto dell'area considerata.

(Per le carte di rischio e potenzialità archeologica in Italia, cfr. Hudson 1981; Gelichi et al. 1999; Bigliardi 2007; Cirelli 2008: 10, nota 18). Le carte di ri-

schio sono state realizzate tramite l'analisi dei dati inseriti nel GIS archeologico, come le aree di scavo, i ritrovamenti, i punti di quota, i carotaggi e le informazioni disponibili sui sottoservizi urbani (fognature, acquedotto, elettricità, gas).

La fondazione della colonia romana di Florentia è stata datata tra il 15 e il 30 a.C. Questo in base ai frammenti di vasi di terra sigillata italica rivenuti in strati sottostanti le fondamenta delle mura di cinta presso Via del Proconsolo.

Questa datazione è stata confermata da una stratigrafia analoga riscontrata negli scavi di Piazza della Signoria. La fondazione della colonia è stata quindi posta in età augustea e non come era stata stabilita da vari autori alla *lex Iulia* del 59 a.C. o in età triumvirale (44 o 41 a.C.). Il lasso di tempo tra la decisione di realizzare la colonia (59 a.C. o 44/41 a.C.) e l0erezione delle mura di cinta della nuova città (40-15 a.C.), il divario è riscontrato in altri casi. Gli archeologi e gli storici di oggi sostengono che la decisione di fondare Florentia ai margini sud-orientali della pianura Firenze, Prato, Pistoia non fu casuale, ma frutto di un calcolo ben preciso, relativo alla viabilità nord-sud, che chi scrive ritiene già esistente da secoli, la scelta del sito su una lieve altura dove era situato l'insediamento villanoviano i cui resti rimanevano sotto vari strati di alluvioni a sei metri di profondità. Solo in quel punto l'Arno aveva un unico corso. A est e ad ovest il fiume si divideva in vari rami e si espandeva in acquitrini. Poco ad est della strettoia del fiume si presume vi fosse il bacino del porto fluviale di Fiesole. La campagna porta segni di sistemazione agraria di epoca etrusca.

****

Fiesole nasce collegata al crinale delle colline che dividono ii Mugello da Valdarno fiorentino verso il V secolo a.C. come santuario degli abitanti di diversi insediamenti di queste colline attratti da una sorgente ritenuta sacra. La città ebbe poi il ruolo di presidio degli aretini sui confini dei Liguri. E' a assurdo pensare che Fiesole avesse un ruolo importante nel sistema viario avente collegamenti con Felsina fino al VII secolo quando tali collegamenti facevano capo a Gonfienti. Quando il porto di Firenze rende secondario il terminale del Bisenzio Fiesole cresce come importanza se non come dimensioni, specialmente quando Firenze nel II secolo risorge dopo la distruzione sillana.

Negli anni della Guerra Sociale Fiesole si schierò contro Roma e, nel 90 a.C., fu messa per vendetta a ferro e fuoco dal console Lucio Porcio Catone. Successivamente, durante le lotte fra Silla e Mario, avendo apertamente parteggiato per il console Papirio Carbone del partito democratico, con la disfatta di questi, Fiesole e altre città dell'Etruria ebbero confiscati da Cornelio Silla i beni demaniali e municipali. Le terre furono fatte distribuire dal dittatore fra i suoi legionari che vi stabilirono delle colonie. Fu in tal modo che l'Etruria e specialmente il territorio fiesolano divennero terreno propizio per agitazioni rivoluzionarie.

Catilina a Firenze: mito e realtà storica

Lucio Sergio Catilina (108-63 a.C.), il cui nome fu infamato dalle invettive ciceroniane, discendeva da una famiglia patrizia decaduta ma che aveva riportato alla ricchezza con le "rapine" del periodo sillano. Catilina aveva mal governato in Africa, per questo non fu accettata una sua candidatura a Console (tentativo che fallì per quattro volte); era stato inoltre processato per l'incesto con una vestale, cognata di Cicerone.

Catilina pensò alla vendetta concependo il disegno di uccidere i consoli che sarebbero stati eletti e, sebbene di origini aristocratiche, passò dalla parte dei più scalmanati "popolari". Intanto Tullio Cicerone non riusciva a ingraziarsi i nobili e stava aspettando l'occasione di battere Catilina che aveva contrastato il suo consolato, e di apparire così il salvatore dell'oligarchia che allora dominava in Roma. Attaccò Catilina in Senato con quella violenta diatriba che ci resta ancora con il nome di *Prima Catilinaria*.

Catilina negò di congiurare e affermò che il

suo impegno era quello di voler il popolo associato nel potere al Senato, soggiungendo che egli patrizio non aveva bisogno per la sua carriera di minare lo Stato. Il Senato accolse malamente la sua difesa. Così, dopo esser stato battuto alle elezioni, concentrò i suoi seguaci a Fiesole dove erano ancora freschi i rancori contro il malgoverno di Roma, specialmente da parte delle famiglie etrusche spogliate dei loro terreni; costituì inoltre una quinta colonna all'interno di Roma.

A lui si allearono schiavi, senatori e due pretori, Cetego e Lentulo. Con questa forza alle spalle si ripresentò l'anno dopo alle elezioni. Si dice che per assicurarsene l'esito architettasse l'assassinio del suo rivale al consolato e dello stesso Cicerone. Infatti quest'ultimo scrisse che durante la notte i cospiratori erano andati da lui per ucciderlo ma erano stati cacciati dalle sue guardie. Cicerone con la *Quarta Catilinaria* riuscì a fare spiccare mandato di cattura contro Lentulo, Cetego, Gabinio, Statidio, Cepario e il loro capo Catilina.

Giulio Cesare, allora pretore designato, giudicò con altri senatori, che il Senato fosse incompetente a deliberare su una causa di alto tradimento, della quale la sola assemblea del popolo aveva la giuridica conoscenza, proponendo la prigionia a vita o il perpetuo esilio. I Senatori esitavano a risolvere il problema ma nell'aula si alzò Marco Porcio Catone detto l'Uticense, allora tribuno designato. Ottimo oratore, colla rude eloquenza piena di sarcasmi all'indirizzo di Cesare e contro coloro che tentennavano egli persuase i Padri che, senza un esempio immediato e più che severo, le sorti della Repubblica sarebbero rimaste pericolanti riuscendo così a strappare la sentenza di morte.

Cicerone non perse tempo facendola eseguire subito per ovviare il pericolo di tumulti che ogni indugio avrebbe fatto nascere. I cinque condannati furono strozzati alla presenza di Cicerone nel carcere Tulliano. Il popolo apprese dalla sua bocca l'esecuzione della sentenza con la parola: *"Vissero"*; la folla fece ressa intorno a Cicerone acclamandolo *salvatore della patria*. L'entusiasmo popolare non impedì però ad uomini autorevoli di biasimare pubblicamente il suo operato.

Infatti quando Cicerone, nel deporre i fasci consolari, volle arringare il popolo per magnificare il suo consolato, il tribuno della plebe Metello Nepote, che era stato legato di Pompeo nelle guerre contro i pirati e Mitridate, gl'intimò di limitarsi al solo giuramento di non aver operato nulla contro le leggi: al quale Cicerone gridò: *"Giuro di avere salvato la Repubblica"*. A tale grido eloquente, Catone e i Senatori risposero salutandolo col nome di Padre della Patria, ma né questo saluto né gli applausi popolari con cui fu accolto, salvarono l'ex console da un momentaneo esilio.

Le notizie che venivano da Roma sulle fazioni militari contro i congiurati rassicurarono pienamente gli animi e dimostrarono che il terrore suscitato da Cicerone era stato in gran parte illusorio. Ovunque la presenza delle truppe della repubblica bastò a far svanire il moto. Solo in Etruria, dov'era il quartier generale dei congiurati, vi fu resistenza. L'aveva promossa il futuro proconsole della Macedonia Caio Antonio *Hybrida* (zio del triumviro Marco Antonio), uomo di dubbia fede; visto suo tergiversare, per un certo tempo

Catilina poté nutrire la speranza di tirarlo completamente dalla sua parte. Ma l'esecuzione di Lentulo e degli altri mise fine alle esitazioni e Antonio
gli si pose contro.

Catilina, raggiunte le sue truppe a Fiesole si
mosse contro i suoi avversari nel nome di Caio
Mario, di cui si onorava tenere nell'atrio di casa
l'emblema dell'aquila d'argento vittoriosa innal-
zata contro i Cimbri a Vercelli e contro i Teutoni e
Ambroni ad *Aquae Sextiae* (Aix-en-Provence).

Da Arezzo aveva scritto a Quinto Catulo
capo del Senato: "*...Oppresso ed eccitato da ingiurie
ed accuse, poiché non mi si rendeva quella giustizia che
colle fatiche e colle opere mi ero meritata, ho preso a di-
fendere come è nell'indole mia la causa dei diseredati,
non già perché non potessi pagare i miei debiti, che se a
me mancassero i mezzi verrebbero pagati per liberalità
da mia moglie Orestilla, ma perché vedo essere stimati
uomini punto onorevoli mentre io mi trovo reietto. Se-
guo quindi il solo partito che mi rimane per mantenere
intatta la mia dignità. Altre cose vorrei scriverti ma
sono avvisato che mi si preparano violenze. Ti raccomando Orestilla, alla tua fede la raccomando, e per
amor de tuoi figli ti prego difenderla. Addio*".

A Fiesole c'era già C. Manlio che aveva avuto l'incarico di organizzare la rivolta; qui Catilina con gli uomini di Manlio e con quelli che via via si univano formò due legioni di circa 20 mila uomini mal equipaggiati, infatti una buona parte dei "soldati" erano armati soltanto di forconi e spiedi. Quando mosse contro di loro il console Caio Antonio con un grosso esercito ben armato e ben vettovagliato, Catilina vide dileguarsi il suo; infatti i suoi 20mila uomini si ridussero a 4000 per le diserzioni.

Allora Catilina in tutta fretta uscì da Fiesole tenendosi fra i monti, cercando di valicare l'Appennino per raggiungere la Gallia Cisalpina e rinforzarsi. Ma un altro esercito, sotto il comando di Metello Celere, stava già al di là degli Appennini pronto a respingere Catilina, mentre Antonio col suo lo incalzava da Sud.

Mentre risaliva il Passo della Collina Catilina ebbe la notizia che l'esercito di Antonio lo incalzava a poche miglia; fece allora deviare i suoi scendendo nella valle del Reno. Fu costretto a fermarsi a Campo Tizzoro, *in un luogo pianeggiante, con i monti più alti a settentrione ed aspre rupi dall'altro lato;* velocemente ordinò i suoi per la battaglia. A un'ala della truppa dette il comando a Manlio e dall'altra al cittadino di Fiesole che Sallustio chiama *"Faesulanus"*, mentre Catilina si pose al centro presso l'aquila di Mario. Catilina incitò i suoi soldati: (Sallustio, *De Catilinae coniuratione* LVIII) *"Rammentatevi che combattete per l'onore, per gli averi, per la patria, mentre i vostri avversari difendono la potenza di pochi. Se vi manca il coraggio perirete vilmente scannati a guisa di pecore".*

Le truppe nemiche in arrivo erano guidate dal legato Marco Petreio, questi faceva le veci di Antonio che si era dato ammalato, poiché non se la sentiva di uccidere il suo vecchio compagno. Il comandante schierò in prima linea i 5000 veterani più esperti poi a cavallo percorse le file esortando tutti a combattere velocemente, in maniera risolutiva, per il bene della patria. In quella fredda giornata del gennaio 63 a.C., con un vento che soffiava a sfavore delle schiere di Catilina, furono dati i segnali di combattimento.

L'esercito di Petreio cinque volte più numeroso non ebbe bisogno di nessuna strategia tattica, affrontò frontalmente ad incudine i congiurati dividendo in due tronconi più piccoli la marmaglia e, dopo averla aggirata, in poche ore ne fece strage.

Così, nel luogo che poi prese il toponimo di Malconsiglio (come ultima riunione, ultimo consiglio), l'orda di Catilina si disfece. Manlio e Fiesolano caddero tra i primi: *"Manlius et Faesulanus in primis pugnantescadunt"* (Sallustio)

La narrativa dice che Catilina, vistosi sopraffatto e rimasto ormai con pochi, si gettò fra i nemici. Fu trovato in mezzo ai cadaveri agonizzante e così finito a fil di spada (5 Gennaio 692 *ad urbe condita*). L'eroismo con cui i rivoluzionari combatterono e la scoperta fra i loro cadaveri di uomini di specchiata onestà, dovrebbero convincerci che quei pochi sovversivi furono capaci di morire per un ideale. Se Catilina non fosse stato completamente sconfitto, pur senza vincere, dopo la battaglia di Pistoja la moltitudine dei seguaci che l'avrebbero aiutato nel far valere le sue idee sarebbe diventata ancor più numerosa. Catilina aveva agito con l'aiuto di elementi assai rappresentativi dell'aristocrazia romana (Giulio Cesare e

Licinio Crasso) i quali, fallita la congiura, non furono perseguitati dal governo ciceroniano. Inoltre, Giulio Cesare aveva fatto ristabilire sul colle Capitolino la statua di Mario coi suoi gloriosi trofei commuovendo vivamente molti popolani.

Nel XV secolo Leonardo Bruni insinua l'artificiosa leggenda della colonia sillana. Poco più tardi esce fuori la rivelazione della colonia triumvirale. Angiolo Ambrogini, detto Il Poliziano, scrive una lettera a Piero de' Medici:

"Deduxere igitur Florentiam coloniam Triumviri, Caus Caesar, qui deinde Augustus, Marcus Antoniuset Marcus Lepidus etiam pontifexMaximus. Coloni autem deducti Caesariani milites quibus a dsignatas duecenta Jugera per cardines et decumanas. Quod ego apud Julius Frontinum reperio celeberrimum scriptorem, qui Nervae aetate floruit, in Libro de Agronum Mensuris quem tuLibrum domi habes, Petre Medice, vetustissimum" (A. Poliziano, *Lettere*, lib.1)

Quesa operetta è in realtà una trascrizione abborracciata, del III o IV secolo, della quale il grande storico Theodor Mommsen autorevolmente indicò le numerose lacune e le molte inesattezze. Del resto l'erudito Poliziano disse di ver tratto queste conclusioni dal Codice *De agrorum mensuris* attribuito a Frontino e giunto proprio a suo tempo in possesso della famiglia Medici (oggi conservato nella Biblioteca Laurenziana)

Questa è la parte del testo che a noi interessa:

"Liber Augusti Caesaris Neronis Provincia Tuscia, Lex agrorum ex commentario Claudii Cesaris. Lex agris limitandis metiundis partis Tusciae prius regiones non habent aequales centurias vel mensuras: in agro Florentino in centurias singulas jugera CC. Qui conduxerit decimanum latum ped. XL, hardinem latumped. XL, kardinem latum p. XX facito, et a decimano et kardine m. quintum quenque fscito ped.XII, ceteros limites subruncicos latos p. VIII facito quos limites caciet. In his limitibus reciproce terminos lapiedos ponito ex sao silice aut molariaut mi deteriore supra terramresquipedem, facito crassum pedem, item polutium rotundum facito, in terram demittio ne minus ped. II S; ceteros terminos qui in opus erunt robustos statuito supra terram ped. II, crassos pedem I, S 2 in terram demittito ne minus pd. III, eosque circum calcato, scriptos ita ut iusserit. Quod subsiscivum amplius iugera C erit pro centuria procedito. Hoc opus omne arbitratu C. Claudii Caesaris et Marci Antonii et

Marci Lepidi triumvirorum r.p.c.

Colonia Florentina deducta a triumviris, adsignata lege Julia, centuriaeCaesarianae in iugera CC., per kardines et decimanos, termini rotundi pedales et distant a se in pd. IICCCC. Sunt et medii termini, qui diciuntur epipedonici, pedem lungum crassum et distant a se in pd. ICC ceteri proportionales sunt et intercisicos limites servant, quos veteran pro observatione partuim statutos custodiunt; qui non ad rationem vel recturas limitum pertinet, sed ad modum iugerationis cultodiendum et distant a se alius ab alio pedes sescentenos quorum limitum cursus nulla interiecta distantia in utorque latere territorii concurrunt, in inframonstravi" (Pais E. *Storia della colonizzazione di Roma antica*, Roma 1923, pag. 12.)

È questo un paragrafo della *Lex Agraria* promulgata da Giulio Cesare nel 59 a.C., anno del suo primo consolato. Qui si trovano tutte le norme tecniche perla fondazione di una colonia modello.

La centuriazione di *Florentia* è considerata un esempio tipico da adottare come termine di confronto per altre colonie (Castagnoli F. *La centuriazione di Florentia*, in L'Universo, XXVIII 1948, pag. 361). È del tutto possibile che la tecnica gromatica applicata alla centuriazione di *Florentia* sia stata adottata nelle successive colonizzazioni.

Dal *Liber Coloniarum* e da un altro importante testo gromatico, dice Mari Lopes Pegna si evince il fatto inoppugnabile che la colonia di Florentia fu dedotta da Giulio Cesare durante il suo primo consolato. Sapendo che dal 58 al 46 a.C. Cesare fu pienamente occupato dagli affari interni dello Stato. Dopo di che egli riprese il suo programma di colonizzazione che estese anche a territori non italici. Si usava in quel tempo fare sacrifici al dio Termine nella tradizione etrusca. A questo proposito assume importanza la notizia contenuta in un antico codice gromatico che recita: *"Idem partes Tuscae Florentinae quam maxime palos iliceos picatos pro terminibus sub terra defiximus"*. La centuriazione si è conservata molto bene nel territorio da Firenze a Prato (Lopes Pegna M. *Le origini di Prato e della sua industria laniera*, in Archivio Storico Pratese, Prato XXXVI 1960 agg. 24-25).

Una comune carta IGM rivelerà palesemente tracce del grande reticolo stradale, il cui andamento Sud Ovest-Nord Est si è perpetuato nelle direzioni di poderi, canali e argini influenzando anche i piani urbanistici. I quadrati misurano 710 metri di lato. Venivano assegnati ad un colono 50 iugeri di terra, che equivalgono a 12,5 ettari. Il doppio di un podere mezzadrile medio. Ma bisogna tener presente il fatto che questo 50 iugeri includevano anche campi per solo pascolo. La radicale romanizzazione dell'intera area cancellò ogni traccia della precedente toponomastica etrusca, ma non la direzione che della viabilità etrusca che determinò l'orientamento dell'intera centuriazione. Prima della scoperta del grandioso emporio di Gonfienti gli storici trassero conclusioni adesso non più valide. L'esistenza di una grande città arcaica 700-500 a.C. ha suscitato conclusioni e ipotesi impensabili prima della scoperta, avvenuta nel 1996, anche se alcuni hanno distorto le loro ipotesi aggiustandole alla luce dell'inattesa scoperta. E' sfuggito all'attenzione degli appassionati anche il nome etrusco Bisenzio o Bisenzo, che è ragionevole ritenerlo il nome della città scoperta a Gonfienti, invece che il mitico favoloso Camars.

E' anche improbabile che l'etrusca Gonfienti/Bisenzio avesse Marzabotto/Kainua come corrispondente oltre l'Appennino, data la viabilità naturale o spontanea che conduce direttamente a Bologna o Felsina. Marzabotto era invece in comunicazione naturale o spontanea, casomai con Pistoia etrusca, fossero o non fossero stazioni sulla ipotetica ma improbabile "Via del Ferro". Tutte le merci pesanti o ingombranti venivano trasportate per vie d'acqua o non trasportate affatto, quello che voglio dire, che certe merci non raggiungevano località distanti dalle vie d'acqua. All'epoca VI- V secolo a.C. si preferiva cicumnavigare l'intera Italia per trasportare merci pesanti dall'Elba a Spina e Adria. Ritengo assai improbabile una Via del Ferro fatta di mulattiere o lunghe strade in pianura.

Tornando alla centuriazione di *Fiorenza*, è chiaro come il sole che fu basata sull'asse della via Gonfienti Firenze che fu poi la Via Cassia, che a nord descriveva un'ansa nella zona delle Cure per continuare per Montughi, Rifredi, Sodo di Quarto, quindi da Castello iniziava il corso rettilineo per Prato e Agliana/Hellana (Marinelli, O. *La carta topografica e lo sviluppo di Firenze*, in Rivista Geografica Italiana, 1921, pag. 22).

Come scriveva Lopes Pegna, possiamo solo indirettamente conoscere il procedimento tecnico della centuriazione di Florentia attraverso il passo del *Liber Coloniarum* relativo a Luni *"Ager Lunensis ea lege qua et ager Florentinus. Limites in horam sextam conversi sunt et ad occidentem plurimum dirigunt cursus"*. Il modo di regolarsi sul mezzogiorno è il migliore: *"Optimim est ergo umbram hora sexta deprehendere et ad ea limites incorae"* (Gromatici veteres pagg. 223 e 188) Il fulcro della centuriazione risulterebbe essere situato nella parte orientale della Pianura fiorentina, fra le propaggini del colle di Camerata e l'Arno al Canto dei Tornaquinci sull'incrocio delle vie Strozzi e Tornabuoni, e le vie della Vigna Nuova e della Spada. Dove si apriva la *Porta Occidentalis* di Firenze romana. (Castagnoli F. La centuriazione di Florentia, pag. 364) Fu accertato che il centro del primo quadrante fu scelto a distanza precisa dalla Via Cassia, che era il decumano base. Fu con aderenza agli insegnamenti dei padri etruschi che si diede mano alla fondazione della "Seconda Roma". Le dimensioni di dell'area centuriata ovvero dell'*ager ultratus*, era 21,330 per 7.110. Km, equivalente a chilometri quadri 151,656. Questa area o la parte coltivabile e a pascolo venne distribuita equamente a 1200 coloni.

La città

Firenze non crebbe spontaneamente come Roma e altre città etrusche ma fu rigorosamente pianificata e orientata secondo la tradizione ellenistica. La città nacque con un piano deliberatamente prestabilito, con schema ortogonale geometrico come tante altre fondazioni romane. I fondatori di Firenze si attennero fedelmente all'acquisito canone etrusco che prescriveva modalità rituali da seguire per la fondazione delle città.

La cerimonia della fondazione seguì la tradizione etrusca. Stabilito il centro della città vi si scavò una fossa di forma concava, detta *mundus*, dedicata agli inferi, vi si deposero offerte e la si riempì di terra. In quel punto vi fu posta un'ara. Per inciso l'archeologo Milani trovò il *mundus* nel 1887, accanto alla Colonna dell'Abbondanza, che era stata eretta nel 1431 in sostituzione di una precedente colonna diventata pericolante (*Notizie Scavi*, 1887, pag.\ 133)

Si aggiogarono a un aratro un toro e una giovenca bianca, e si procedette a fare il solco perimetrale *sulcus primigenius,* tracciato esattamente lungo il circuito delle future mura. Laddove dovevano aprirsi le porte della città, il solco veniva interrotto sollevando il vomere dell'aratro per la larghezza della porta *fossam factam vomere*. Le quattro porte vennero subito costruite dopo la fondazione della città, ma le mura furono erette qualche decennio più tardi. Attorno alla fossa delle future mura si lasciò esternamente una striscia di terreno incolto detta *pomerium*, descritto come *"spatium quod neque habitari neque arari fas erat"*. Contrariamente alla centuriazione il quadrato della città era orientato secondo i punti cardinali *ratione coeleste*. La centuriazione era orientata razionalmente rispetto allo spazio disponibile nella pianura, mentre la città era edificata secondo criteri religiosi tradizionali tenendo conto della posizione e orientamento del tempio capitolino.

Il nucleo originario i Firenze si presenta alla carta del turista perfettamente distinto dal resto delle costruzioni posteriori. La città ai margini del territorio centuriato. Questa scelta non fu casuale, ma corrispondente al punto di attraversamento dell'Arno, che per ragioni di carattere geomorfologico collima con l'inizio della viabilità spontanea a sud cioè il crinale che inizia con la Costa San Giorgio. Qui i gromatici condussero parallelo ad esso il tato maggiore della città coloniale. I due assi ortogonali vennero a corrispondere coi punti cardinali. Per inciso il cardine segue la direzione dell'asse terrestre mentre il decumano segna da est a ovest *secundum solis decursus*. I due assi si intersecavano al centro della città, nel quadrivio dell'incontro delle vie Roma, Speziali e Calimala, in Piazza della Repubblica dove era il *Forum urbis*.

Il decumano massimo corrisponde oggi alle vie del Corso, Speziali e Strozzi, mentre il cardo massimo da Piazza San Giovanni continua con Via Roma e Calimala. Alle estremità del Cardio e del Decumano vi erano le porte principali della città Costruite in pietra e marmi. Le cortine murarie erano interamente in mattoni. La porta settentrionale fu scoperta e studiata durante i lavori del 1895. La porta era, come le mura di mattoni, ma rivestita di pietra-forte, aveva un solo fornice di 12 piedi (circa 3 metri e 50) Ai lati della porta vi erano due torri tronco coniche di laterizi. Lo spessore delle mura era di circa un metro. Questa porta (*ad Aquilonem*) fu restaurata nel medioevo ma gli furono aggiunte due posterle ai lati, di 55 cm di larghezza appena giuste per il passaggio di una persona. Agli inizi del XIX secolo furono rilevate le tracce della porta orientale. Conoscendo il progetto si poterono localizzare con precisione le posizioni delle porte. La cinta muraria misurava sul lato maggiore 480 metri e su quello minore 420, l'area era quindi 20 ettari

Il cardo e il decumano dividevano, l'area in 4 parti ognuna a sua volta suddivisa regolarmente in *insulae*. Questi allineamenti ortogonali creavano una scacchiera comporta di 48 "stalli".

Le *insulae* assumevano una forma quadrangolare con i lati di 230 e 200 piedi (70x60 metri). Ognuno dei quartieri o *regiones* comprese 12 *insulae* avevano l'area di 4200 mq. Naturalmente queste aree contenevano le strade, gli spazi pubblici, e il *Pomerium* che all'interno della cinta muraria misurava 100 piedi, circa 30 metri, mentre al difuori della cinta misurava 200 piedi. Il reticolo stradale era diviso tra decumani e cardi. All'interno della città tutte le strade erano selciate con basoli poligonali di macigno spessi dai 30 ai 40 cm. Sotto i basoli vi era la rete fognaria con le relative cloache. Le fogne assiali delle strade erano profonde 1,69 m e larghe 60 cm. Le coperture erano a falsa volta, come i dromos delle tombe etrusche. La rete fognaria aveva una leggera pendenza, sufficiente per un agevole deflusso delle acque sporche verso l'Arno.

Tenuta presente l'area del Foro e del tempio capitolino è stato calcolato che la prima Firenze avesse una popolazione di un migliaio di persone, che poi presto raddoppiò, secondo un calcolo del Marinelli vi erano 2500 persone ogni 15 ettari. Come in ogni città si svilupparono presto dei borghi lungo le strade che uscivano dalle quattro porte. Lungo le vie principali, e in particolar modo lungo la Via Cassia vi erano tombe monumentali ed epitaffi marmorei, ostentativi di famiglie e individui facoltosi. Infatti provengono dalla zona suburbana occidentale provengono titoli sepolcrali e sarcofaghi di pietra locale. Nel centro della colonia si elevava il tempio Capitolino davanti al quale si stendeva il Foro che occupava un quarto dell'attuale Piazza della Repubblica, cioè 94,64 metri per 41,60. I selciati vennero a coprire l'intero spazio del Foro diversi anni dopo la fondazione. I basoli portavano le rotaie siano esse appositamente fatte a scalpello o dal transito dei pesanti carri ferrati. Tuttavia che ha esperienza di carrozze o calesse sa che un selciato romano causava il disfacimento di ogni tipo di ruota dopo pochi metri di lastrico che non fosse preparato con le apposite rotaie. I ferri di un cavallo o i cerchi delle ruote di un carro non si sposano bene tra di loro a meno che il veicolo andasse a velocità ridottissima. Grazie ai numerosi ritrovamenti, alcune opere di sintesi hanno potuto delineare la forma urbana della colonia romana e descrivere le sue evidenze monumentali (cfr. Maetzke 1941; Lopes Pegna 1962; ASAT 1992; De Marinis 1996; Rocchi (a cura di) 2006: 1-95).

L'ipotizzato Bisarno (corso secondario del fiume) posto a nord della città, che doveva occupare la suddetta depressione posta nell'area Duomo-S.Lorenzo, non dovrebbe essere stato attivo se non durante le alluvioni; non sembra, quindi, del tutto convincente l'ipotesi di una città nata su un'isola formata dai canali intrecciati del fiume (Arnoldus-Huysendveld 2007: 52). Moderni ricercatori, adesso sostengono, come chi scrive, che il primo ruolo, quello più antico, di Firenze era quello di porto-emporio in rapporto con Fiesole sviluppatasi sostituendo Gonfienti, in altura, per ragioni di difesa quando Volterra si estendeva fino ad Artimino. Fiesole si arroccò sui confini della lucumonia di Arezzo. (De Marinis 1996: 37). La Firenze più antica non aveva acquedotto, ma pozzi artesiani che erano sufficienti anche per le terme pubbliche (Chiostri 2002: 47) – (Ward Perkins 1994: 122).

Tra la fine del I sec. d.C. e l'inizio del II sec. d.C. la città conobbe un grande momento di ricostruzione con la realizzazione, tra l'altro, di almeno quattro impianti termali. Il foro ed il tempio capitolino furono ristrutturati e rivestiti in marmo, mentre le strade furono ripavimentate e rialzate. Finalmente in questo periodo di rinnovamento fu edificato l'acquedotto che con 16 km di percorso portava l'acqua della Val Marina, e furono costruite altre due terme cittadine. Il teatro e l'anfiteatro, ad est della città furono realizzati nei primi tempi nel I secolo. In epoca Adrianea la città si estese fuori dalle mura incorporando i primi quattro borghi fuori le mura antiche.

Sorta come controllo e opposizione alla vicina Fiesole durante gli anni 60 del I secolo a.C., era servita come base per la congiura di Catilina, fu poi destinata a superare la città etrusca per quanto riguardava il commercio e le comunicazioni fluviali e terrestri. Sotto Alessandro Severo, il Console Quinto Petronio Melior, un fiorentino, fu fatto Pontefice di ambedue Fiesole e Firenze (Maetzke 1941: 36).

Nel II secolo d.C.: Florentia era una città commerciale inserita nel sistema economico imperiale che riceveva merci da ridistribuire nelle diverse regioni dell'Impero.

Conosciamo di cosa consistessero i beni che Firenze riceveva e ridistribuiva: anzitutto vi era *garum* e olio, vasellame da mensa che giungevano dal Nord Africa, venduti soprattutto in città e a Roma (Cantini 2007: 252). Il percorso della Via Cassia fu rettificato alle spese di Arezzo, provenendo direttamente da Chiusi e tagliando la curva di Pontassieve passando da Figline, Montescalari

(Aquileia), Strada in Chianti Impruneta. Già da allora Firenze iniziò a tarpare le sorti dell'Antica *Arretium*.

Questa deviazione è attestata da un cippo trovato presso Chiusi (C.I.L., XI 6688) ebbe luogo durante la prima metà del II secolo d.C. A quel tempo tutta la viabilità dell'Etruria fu ristrutturata. La Via Cassia divenne una parte della direttrice di transito generale che da Roma portava verso le Alpi. (Gottarelli 1992: 109-126) Dall'inizio del III secolo fino alla metà del IV Florentia fu capitale della regione accorpata *Regio Tusciae et Umbriae*, sed di un Governatore (Davidsohn 1968. I: 30. 31) Mirandola 1999: 94). La crisi che colpì nel III secolo Lucca, Pistoia e Arezzo non ha lasciato segni archeologici a Firenze e nemmeno a Fiesole. Che paiono continuare a godere della loro opulenza fini alla seconda metà del IV secolo, inizi del V.

Alcune porzioni della cinta difensiva romana sopravvissero per lungo tempo anche nella città medievale, superando le demolizioni dovute all'espansione urbanistica di I-II sec. Sappiamo che le torri rotonde ai lati della porta settentrionale erano ancora ben visibili agli inizi del XV secolo, connesse al palazzo del vescovo.

(Corinti 1976: cart. n. 5; Lopes Pegna 1962: 66; Maetzke Ga 1996: 182).

L'espansione ed i rifacimenti urbanistici di I-II secolo d.C. provocarono anche la demolizione di vari tratti di mura. La ricerca ha appurato che in almeno tre punti l'elevato fu rimosso già in epoca imperiale: in piazza Signoria un tratto delle tenaci fondazioni in calcestruzzo (102) fu riutilizzato per costruire il recinto della *fullonica* adiacente al complesso termale (II sec. d.C.); presso la porta meridionale, uno dei muri della *fullonica* di II secolo d.C. fu impostato sulle fondazioni delle mura (102) (Scampoli 2007a: 65-67); in piazza Duomo, un altro tratto di fondazione (94) fu riutilizzato da uno spesso muro in calcestruzzo datato ad epoca imperiale, mentre un'altra porzione di fondazione (301) era stata rasata in epoca imprecisata ed utilizzata da un muro in «pillore di fiume» di probabile origine medievale (Orefice 1986: 211-212)

A settentrione della città, in piazza S. Lorenzo e nelle immediate vicinanze, sono state rinvenute numerose strutture di epoca romana. Ambienti lungo la via, resti di edifici abitativi con un pavimento a mosaico, strutture difficilmente interpretabili (forse terme?) e alcune vasche, ci parlano di un borgo particolarmente vivo in epoca alto imperiale. A Sud, esistevano edifici tra la città ed il fiume (Maetzke 1992: 102- 103). In seguito, furono realizzate grandi terme appena al di fuori della porta meridionale, mentre altre strutture sono state rinvenute lungo la strada (attuale via Porta Rossa) quasi sino al Ponte Vecchio (202, 206, 58, 104). Anche a ovest della via che portava al ponte vi dovevano essere edifici, mentre, ad oriente dell'attuale via Porta Rossa, la realtà doveva essere differente; infatti, in epoca romana, la sponda dell'Arno a sud del teatro doveva essere più a settentrione di oggi e l'unico edificio romano (303) rinvenuto in quest'area si trova sotto la chiesa di San Pier Scheraggio, quindi abbastanza lontano dal corso odierno dell'Arno. In quest'area, il fiume incontrava il fosso San Gervaso formando anse ed isole, presenti anche nel medioevo.

Nell'XI secolo, poco più ad Est, presso la chiesa di San Remigio, vi era uno scalo fluviale e vari autori hanno ipotizzato nella zona la presenza di un porto anche in epoca romana. Tuttavia, ancora nessuna infrastruttura attribuibile con sicurezza ad un porto-scalo fluviale è stata rinvenuta nella zona (Scampoli 2007a: 73, nota 45). Di là dal fiume Arno doveva esservi un borgo anche in epoca romana, sulla cui entità non è possibile pronunciarsi, data la limitatezza delle indagini effettuate ed i pochi dati a disposizione (un pavimento in calcestruzzo e ad un altro in cocciopesto rinvenuti presso la chiesa di Santa Felicita). Anche ad oriente e occidente della città la realtà dei dati archeologici non chiarisce l'estensione reale di Florentia. A oriente si trovava l'anfiteatro e nelle sue vicinanze sono state segnalate strutture romane. A occidente, lo scavo di S. Pancrazio, ha evidenziato strutture romane relative al probabile borgo che si trovava lungo la prosecuzione del decumano massimo. Poco più a Nord, ad occidente dell'angolo delle mura, sono stati rinvenuti resti di strutture interpretate in via preliminare come d'epoca romana affermare che le case e le attività dovevano essere particolarmente fitte lungo la prosecuzione del cardo; inoltre, dovevano esistere borghi anche ad oriente e occidente della città. Tuttavia, sembra che non vi siamo rinvenimenti di strutture romane in continuità con la città oltre quello che sarà il percorso delle mura degli anni '70 del XII secolo. Oltre questo limite si hanno poche notizie di strutture romane che possiamo ipotizzare appartenessero ad abitazioni o edifici produttivi (ville suburbane) che si affacciavano lungo le vie di principale accesso alla città. Sono segnalate strutture, presumibilmente romane, presso piazza Donatello (Scampoli 2007a: 67, nota 16), mentre una pavimentazione in cocciopesto ed anfore sono state rinvenute recentemente in viale Strozzi.

Le strade che entravano e uscivano da Florentia

Tra la fine dell'800 e i primi del 900 sono stati registrati 25 ritrovamenti di strade che entravano e uscivano da Firenze. Abbiamo abbastanza informazioni per poter stabilire con certezza come era il reticolo viario di Florentia. La città era traversata da 7 cardi e 6 decumani che creavano 50 isolati *insulae* che misuravano 65 x 70 metri. Le strade cittadine tutte dotate di fognature e basolate con cunei di pietra-forte erano larghe circa 7 metri, Sono stati trovati due casi in cui le strade avevano marciapiedi. In epoca adrianea si trovano ristrutturazioni importanti della rete stradale interna. Questo fu dovuto alla realizzazione delle terme, l'allargamento del Foro, l'ampliamento del teatro. Fuori le mura, in Borgo SS Apostoli fu realizzata una strada lastricata che con tutta probabilità serviva a far passare il traffico pesante fuori della città. Le terme capitoline e quelle di Piazza San Giovanni furono realizzate all'interno di *insulae*, senza causare cambiamenti della viabilità.

****

Il Foro

Inizialmente il Foro non era pavimentato, la piazza era in terra battuta, la dimensione era di 44 per 92 metri. In epoca adrianea la pavimentazione del foro era di marmo lunense, rialzato a un livello superiore di 50-60 cm. Sul lato settentrionale vi era un porticato che dava sul decumano (Via Tosinghi, Via della Nave). Dai cardi si accedeva al piazzale da alcuni gradini in pietra per accedere al porticato e quindi al piazzale di bianco marmo del foro. A sud percorrendo il cardo massimo si passava sotto un arco monumentale e 35 metri più avanti si accedeva al foro, dove probabilmente all'interno del foro vi era un porticato e altri edifici, quindi piedistalli con statue e monumenti eretti anche presso l'ingresso sud della piazza, Il tempio capitolino si trovava sul lato ovest dove era anche una esedra monumentale che restringeva la strada. I maggiori ingressi monumentali al foro erano situati a sud e a nord dove il lato del foro misurava 61 metri.

Non conosciamo la lunghezza del foro di epoca adrianea, che tuttavia pare occupasse lo spazio di due *insulae, ricco di* monumenti e porticati che si estendevano verso l'interno del piazzale prolungandosi lungo il cardo massimo. Contrariamente ai tempi più recenti il foro era riservato ai soli pedoni, era inaccessibile ai carri, che non avrebbero potuto passare a causa dei gradini perimetrali. Di fianco al tempio capitolino vi era un edificio pubblico, ristruttura di un edificio preesistente. Si presume che questo edificio fosse la Curia.

Il tempio capitolino fu scoperto durante gli scavi ottocenteschi e si scoprì che era stato edificato verso il 50 a.C. probabilmente dopo la decisione di dedurre la colonia. Subì rifacimenti in epoca augustea, quindi abbellito e arricchito di marmi in epoca adrianea. Il tempio aveva un podio di almeno 3 metri di altezza. L'edificio era in stile tuscanico con una pianta di 30x27 metri.

La scalinata di accesso fu ingrandita davanti cera un'ara, le colonne erano otto in stile corinzio, sorreggenti il timpano con frontone scolpito e dipinto. All'interno vi erano le tre celle di altrettante divinità. Ai lati del podio c'erano porte che chiudevano ipogei contenenti il tesoro del tempio (Il tempio era in effetti una banca) Uno degli ipogei era destinato a nel Medioevo a diventare la cripta della chiesa di Santa Maria in Campidoglio. Un altro edificio religioso era il tempio di Iside che se trovava al di fuori del pomerio, vicino ad un fosso. Il culto egiziano di Iside giunse agli inizi del II secolo d.C. quando fu eretto il tempio e infestato di iscrizioni, tutte conservate nel Museo Archeologico. (Maetzke 1941: 55) Il tempio rimase in piedi sino a tutto il III secolo. La ricostruzione del Corinzi rende bene l'idea della grandiosità del foro.

Le Terme e l'acquedotto

Fino ad oggi sono stati individuati in Florentia tre grandi edifici termali uno era dietro il Campidoglio, il secondo in Piazza Signoria e il terzo detto Capaccio (Caput Aquae) in Por Santa Maria. Sono stati individuati anche altri ambienti termali, probabilmente privati, uno presso il Battistero, un altro sotto la torre della Pagliazza. Un ultimo edificio termale si suppone dai resti, poteva essere sotto il pavimento della chiesa di San Lorenzo.

Le terme di Por Santa Maria e quelle del Battistero, si trovavano una della porta sud e l'altra presso la porta nord, della città. Questi edifici termali furono costruiti a cavallo tra il I e il II secolo d.C. E' stata rinvenuta presso Por Santa Maria la parte orientale di un grande *frigidarium* all'aperto circondato da un colonnato. Per far posto all'edificio fu rimossa una parte delle mura urbiche. Il *castellum aquae* fu addossato al torrione della porta cittadina. L'edificio si estendeva verso ovest e verso la città, Durante la costruzione del Mercato Nuovo, nel XVI secolo furono scoperte strutture dell'impianto termale (*suspensurae*).

Le terme presso la porta settentrionale furono ottenute ristrutturando una parte di una domus più antica. Furono creati ambienti riscaldati e uno spazioso salone pavimentato in marmo *(opus sectile)* Secondo il Lopes Pegna che forse si estendeva fuori le mura questo edificio sarebbe stato chiamato *Balneum Martis* (Lopes Pegna 1962: 163-165, 346; Corinti 1976: n. 5). Lo stesso autore sosteneva che questo sarebbe stato nominato in una epigrafe funeraria non datata (CIL 6.16740 = ILS 8518;

Daphnus et | Chryseis | Laconis liberti | Fortunato suo. v (ixit) a (annis) VIII, | balneo Martis.piscina | perit). Questa epigrafe fu citata da un erudito del XVIII secolo, e forse fu rinvenuta durante la costruzione dell'Arcivescovado. L'edificio che si trovava dietro il tempio capitolino occupava tutto lo spazio di una insula ed era stato edificato nel I secolo d.C. su una *domus.* A queste terme va aggiunto il grande impianto termale scoperto in Pazza Signoria, di epoca adrianea su domus più antiche.

Si osserva dall'usura dei pavimenti e degli scalini delle terme spesso riparati e rinnovati, che questi edifici sono stati frequentati a lungo da molta gente. Un esempio. Le terme di Piazza Signoria furono usate intensamente fino al IV secolo. Presso il Campidoglio fu trovata una piscina lungo un decumano, davanti alla quale vi era una fontana pubblica sotterranea, accessibili mediante una scalinata. Questa fu trovata nel 1890 ed ebbe un lungo utilizzo, fino all'epoca tardo antica.

Gli impianti termali di Florentia erano almeno cinque. L'acqua proveniva da un acquedotto costruito dal I al II secolo d.C. L'acqua proveniva dalla Val Marina mediante un acquedotto lungo 16 km. Che raggiungeva la città da nord fino alla chiesa di Santa Maria Maggiore diramando poi all'interno della città. Si presume, dato il toponimo: Capaccio (*caput aquae*) nell'attuale Via del Capaccio (Villani, *Cronica*, I, 38; Malispini, St., XXVI).

Il Teatro e l'Anfiteatro

Il teatro fu costruito nei primi tempi della Colonia, fine I secolo a.C. Dapprima la fabbrica del teatro si appoggiava alle mura cittadine. Francovich scoprì che parte della cavea era in muratura e il resto era in legno. Tra la fine del I secolo e il II d.C. l'edificio fu ampliato e ristrutturato con la cavea tutta in muratura. (Francovich et al. 2007: 25). Anche questo edificio si appoggiò alle mura cittadine e fu usato fino al IV secolo d.C. Poi, secoli dopo, sulle sue fondamenta fu costruito Palazzo Vecchio.

L'anfiteatro fu costruito fuori le mura a est del teatro. Questo edificio chiaramente visibile nell'attuale pianta di Firenze, non è mai stato indagato dagli archeologi, sappiamo solo che aveva 300 metri di perimetro. Il perimetro dell'anfiteatro corre Pazza Peruzzi a Via dei Bentaccordi, via delle Stinche e via Torta. Le strutture degli edifici attuali contengono al loro interno pietre e calce dell'edificio romano.

Giovanni Villani ci dà una descrizione pittoresca del "Colosseo" di Firenze che nel Medioevo i fiorentini, avendo presenti le grandi rovine, lo chiamavano *Parlagio." Giulio Cesare ordinò ai suoi soldati di andare nella villetta di Camarti, presso al fiume d'Arno e quivi edificare "parlatorio" per poter in quello fare suo parlamento e in sua memoria lasciarlo: questo edificio in nostro volgare avremo chiamato Parlagio. E fu fatto tondo e in volte molto maraviglioso, con piazza in mezzo, e poi cominciavano gradi da sedere tutto al torno; e poi di grado in grado sopra volte andavano allargandosi infino alla fine dell'altezza, ch'ea alto più di sessanta braccia, ed avea due porte, e in questo si raunava il popolo a fare parlamento.... Questo poi fu guasto al tempo di Totile, ma ancora a' nostri di si ritrovano i fondamenti e parte delle volte presso la chiesa di San Simone; e infino al cominciamento della piazza di Santa Croce; e parte de' palagi de' Peruzzi vi sono su fondati; e la via ch'è detta Anguillaia che va a Santa Croce va quasi per lo mezzo di quello Parlagio"* (Villani, G. Cronica, I, 36)

Per tutto il Medioevo rimasero cospicue le rovine dell'anfiteatro, che nel 1073 si chiamava *Perilasium maius*. Nei secoli, a causa di ristrutturazioni e erezione di altri edifici si trovavano *"i fon-*

damenti e parte delle volte" che allora furono resi invisibili rimanendo incorporati nei palazzi limitrofi alla chiesa di San Simone lungo la Via Torta.

Una qualsiasi pianta di Firenze rivela chiaramente la posizione e le dimensioni di questa arena. Scavi archeologici di questo edificio non sono mai stati fatti, Occasionalmente, nelle cantine dei presenti edifici, rinascimentali sono state trovate epigrafi e frammenti di statue marmoree. Nella tona tra l'anfiteatro e l'Arno si suppone vi fosse la palestra dei gladiatori e la caserma dove questi alloggiavano le *familiae gladiatorum*, che venivano assoldate dagli edili della Colonia per gli spettacoli di caccia alle belve (*venationes*). Si presume che nel III secolo d.C. esistesse a Florentia una palestra-scuola per gladiatori, che fu frequentata dal secutor primus palus, Urbicus, nativo di Florentia che morì a 22 anni, dopo aver combattuto 13 volte e che rimase ucciso combattendo nell'arena di Milano. La stele funeraria di questo gladiatore è conservata nel Museo di Milano (De Marchi, A. *Le antiche epigrafi di Milano*, Milano, 1917, pag.78) Si presume, da vari indizi, che l'Anfiteatro sia stato costruito tra il124 e l1130 d.C.

Il Circo di Florentia

Scarsi resti archeologici, non più visibili, e notizie storiche dicono che esistesse un Circo di Florentia il cui centro è ricordato da una colonna commemorativa nel centro della piazzetta del Trebbio dove si incrociano Via del Moro e Via delle Belle Donne a est di Piazza Santa Maria Novella. Da una famosa *invectiva* di Coluccio Salutati del 1375 si ha notizia dell'esistenza di un circo in Firenze romana. In una lettera polemica il fiorentino menziona il *Parlascium sive Circum* di Firenze romana, del quale all'epoca erano visibili *cospicue vestigia*. Un cero Luigi Marsili in 1489, scrisse che del Circo apparivano le fondamenta in un luogo detto. *"Gardingo"* (che per inciso significa garitta o punto di guardia in Longobardo). Nel XVI secolo l'erudito Vincenzo Borghini scriveva che il Circo, di forma rotonda come indicavano *"le case costruite sopra i vecchi fondamenti"* si trovava *"dove oggi è la Croce al Trebbio"*, e che vi erano *"ancora alcune statue, marmi e altri indizi"* (Rastrelli, M. Notizie storiche italiane, Firenze 1781, III, pagg. 62,64)

Tuttavia l'esistenza di questo circo romano è

messa in dubbio anche dal Lopes Pegna.

L'Acquedotto di Firenze

La colonia di Florentia, non ebbe un acquedotto per diversi decenni, aveva molti pozzi con la canna rivestita di mattoni centinati. La falda acquifera era inizialmente a circa 9 metri di profondità, abbastanza facile da operare e serviva facilmente ogni abitazione. Inoltre, molte case avevano un impluvium per raccogliere l'acqua piovana e conservarla in un cisterna. Venne però il momento in cui si ebbe la necessità di dotare la città in espansione demografica di un acquedotto, come la maggior parte delle città importanti soprattutto per servire le pubbliche terme e le fontane pubbliche che Florentia voleva avere in luoghi più frequentati. Naturalmente i Florentini alzarono gli occhi verso il Monte Morello che era il monte più prossimo e tutti sapevano delle copiose acque della Val Marina dove il torrente e i suoi affluenti davano ottime garanzie.

Gli ingegneri si misero all'opera e scelsero il luogo più adatto per localizzare il punto di cattura che causava la penetrazione dell'acqua in uno speco sotterraneo con pareti di pozzolana di mezzo metro di spessore e un intonaco di cocciopesto di un centimetro. Lo *speco* aveva una profondità di 1,80 m ed era largo 50 cm (Manni D.M., *Delle antiche terme si Firenze*. Firenze 1751, pag.28). Il Manni, nel 1750, fece un rilievo del percorso esterno, scrisse *"dei condotti che sono di calcistruzzo durissimo"*, dicendo che in sezione il condotto era ovale, non rotondo, dandoci la misura dei diametri interni in braccia fiorentine (1 soldo di braccio misurava 3 cm) altezza 17 soldi di braccio e di soldi 14 di larghezza *"il tutto di calcistruzzo gettato"* (cm 51 x 42). La conduttura era nel XVIII secolo assai interrata, fu il Targioni Tozzetti osservò attentamente le tracce di questa condotta presso il borgo di Querceto nel comune di Sesto Fiorentino (Manni, op. cit.) Fu il Manni a prendere visione accuratamente indicazioni precise che consentono oggi la ricostruzione esatta del percorso dell'acquedotto di Florentia. Da Querceto il condotto proseguiva all'aperto per la località Marcello a circa 100 metri di quota

Edifici laboratori e *tabernae*

Sono 58 gli edifici contati dagli archeologi all'interno della Firenze antica, per l maggiore all'interno del pomerio. Per la maggiore trovati accidentalmente durante scavi per restauri, rifacimenti e fognature. Pochissimi trovati durante indagini archeologiche come quelle di Piazza Signoria e Piazza della Libertà. Abitazioni della prima colonia furono rinvenute sotto le terme.

I pavimenti di queste case di abitazione sono di cementizio, a volte con inserti decorativi, marmorei o lapidei, le mura esterne sono di pietra e calcestruzzo, all'interno le pareti sono di mattoni crudi con travature lignee, intonacati e spesso dipinti. Le abitazioni seguivano i canoni dell'architettura romana ovunque, con impluvi e peristili. L'architetto Corinti, lavorò spesso di immaginazione sulla base delle sue conoscenze e sulle demolizioni delle quali fu testimone.

(Corinti 1976: cartoline nn. 10, 48, 56, 67, 91).

Presso il Battistero venne fuori una domus di epoca giulio claudia. Misurava metri 50 x 30.

Che occupava la maggior parte dell'*insula*. Entro la quale era costruita. Furono censiti 12 mosaici, oltre quelli della casa sotto il Battistero. Alcuni provenienti dalle terme, uno datato al IV secolo d. C. e gli altri all'epoca giulio-claudia. Pavimenti in *sectile* (piastrine di pietra colorata), furono trovati nelle terme e in case private di individui abbienti. Un pavimento tardo romano vicino Via Por Santa Maria aveva subito interventi tardo antichi e alto-medievali.

È stato trovato, sotto la chiesa di San Pier Scheraggio, un dipinto murale frammentario raffigurante un giardino, del I secolo d.C.

Diverse vasche con fondo di calcestruzzo idraulico e rivestimento in cocciopesto sono state trovate in varie parti e sono state attribuite a fulloniche. Una della quali presso Piazza del Duomo costruita nel II secolo d.C. porta segni di restauro del IV secolo. Nel complesso di edifici di Piazza Signoria dell'inizio del II secolo, si riscontrano una latrina, delle terme e una fullonica. In Via delle Belle Donne sono stati scoperti indizi di una vetreria di epoca imperiale. Da vari attrezzi da lavoro ed epigrafi si trovano presenze di commercianti di legname, calzolai, fabbri e artigiani vari. (Maetzke 1941: 40-41).

Le necropoli

Come è il caso per ogni città romana anche Firenze aveva necropoli fuori da ogni porta cittadina dove si usciva dal pomerio, che nelle successive espansioni dei borghi della città venivano inglobate nell'ambito urbano. Ne caso dell'attuale Via Valfonda la direttrice che portava a Pistoia. Oltre il ponte sul Mugnone sono state scavate necropoli dell'età imperiale

LE NECROPOLI DI FIRENZE RO-MANA

Lungo la continuazione del cardo a settentrione della città è stata rinvenuta una delle necropoli di Florentia. Recenti scavi archeologici hanno messo in luce una delle necropoli di *Florentia* La necropoli si trova presso la chiesa di Santa Apollonia. Qui sono state rinvenute 40 sepolture di epoca tardo antica di diversi tipi. (235, cfr. NSBAT 2006:101-103).

I morti erano sepolti in anfora, in fossa o alla cappuccina, si trattava di adulti e di bambini.

Tutte le tombe sono senza preciso orientamento e prive di corredo. La datazione si evince dalle anfore che sono tutte africane, tutte di un periodo che va dal III al VI secolo d.C. Si presume, ma è una ipotesi. Il cimitero cessò di essere usato quando fu edificata la nuova basilica di San Lorenzo.

Numerose sepolture tardo antiche sono state trovate a meridione delle mura cittadine, tra le mura e l'Arno. (Scampoli 2007a:79-82) In prossimità delle terme dette del Capaccio furono rinvenute diverse sepolture del tipo alla cappuccina. Poco più a sud, in Via Por Santa Maria fu rinvenuto un gruppo di cinque sepolture, due di bambini e tre di adulti. Poco più a sud Maetzke trovò altre due sepolture erano fatte con pereti di conci di pietraforte coperte di tegole da tetto. Una sepoltura conteneva un lacrimatoio e altri piccoli recipienti anche di vetro, Queste sepolture si datano tra il IV e il VII secolo d.C. Altre numerose sepolture furono invenute presso Piazza Santo Stefano al Ponte, queste erano coperte con lastre di pietra e con pareti di bozze di pietraforte, prive di corredi. In vari luoghi sono state rinvenute simili tombe. Davanti alla Loggia dei Lanzi furono rinvenute nel 2996 sepolture di diverse tipologie. Le tombe datate al VII secolo paiono essere longobarde,

Tornando alle tombe cristiane di Santa Felicita datate dal V al VI secolo, la più antica del 4°5 la più recente del 547. La prima era di Theoteknos, la più recente è relativa a un *primicerius primi Theodosianorum numeri Macrobis. Si ritiene che questo individuo sia stato un membro del presisdio militare bizantino presente in città durante le guerre greco-gotiche. Un'altra tomba fa riferimento a Galata Anastasius, deceduto nel 546* (cfr. Ciampoltrini 1989; Gunnella 1994: 21; Davidsohn (1968, I:77, nota 1) dice che in base al nome, «*Anastasio Galata era indubbiamente atanasiano*»; il termine 'numeri' indicava unità armate poste a presidio di centri urbani o castella, (cfr. Christie 2006: 355).

Tra queste due date si inseriscono tutte le altre epigrafi che attestano come il periodo di maggiore utilizzo dell'area cimiteriale sia stata la prima metà del V secolo. Quasi la metà delle lapidi appartengono a sepolture di bambini di età inferiore a 12 anni (Gunnella 1994: 26).

Agli inizi del V secolo sembrano essere riferibili le iscrizioni di tre militari della Schola Gentilium. Si tratta di militari 'barbari', dai nomi probabilmente di provenienza germanica, impiegati nelle truppe regolari imperiali (Christie 2006:305). Non sappiamo se il soggiorno di questi soldati fosse transitorio, magari legato all'attacco dei Goti, (cfr. Gunnela 1994: 22-23, nota 71, 28) oppure legato ad un'unità militare di soldati germanici (gentiles) stanziale in città, come attestato per altri centri (Oderzo, Cremona, Torino, Ivrea, Pollenzo, cfr. Notitia Dignitatum Occidentalis, XLII).

Le iscrizioni rinvenute sono in maggioranza in latino, ma vi è anche un gruppo particolarmente omogeneo di lapidi scritte in greco, con personaggi nati in Siria. È stato ipotizzato che questi personaggi originari della Siria fossero in prevalenza commercianti, operanti in vari centri dell'Occidente e dell'Italia centro-settentrionale tramite contatti con l'oriente e la propria madre patria (Gunnella 1994: 27 e sgg.; Cantini 2007:257).

Numerose tombe, tutte tardo antiche e medievali furono rinvenute presso il Battistero tra gli inizi del 900 agli anni 1970 e 1990. Altre tombe furono rinvenute nello scavo del Duomo.

Altre sepolture (309), una delle quali databile per corredo tra VI e VII secolo, appartenevano ad un'area funeraria che, dalla porta meridionale, si snodava esternamente lungo il percorso, probabilmente ripristinato, delle mura. Considerando la posizione delle tombe in questa zona (vedi fig. 52) possiamo ipotizzare che le sepolture, tra la fine del IV ed il VII secolo, avessero occupato progressivamente gran parte della fascia di terreno tra le mura ripristinate e l'Arno.

Forse, all'interno di questa vasta area funeraria con tombe prive di corredo e sepolture con corredo, furono realizzate, tra la fine del VII e l'VIII secolo, i primi edifici di culto e cappelle funerarie di famiglie aristocratiche, come la piccola chiesa altomedievale rinvenuta sotto S. Pier Scheraggio o il mausoleo (o chiesa tricora) sotto S. Trinita (vedi l'esempio di Castel Trosino; sul S. Pier Scheraggio, (cfr. Vannini 1977).

All'esterno dei restanti lati delle difese, poi, vi erano altre aree cimiteriali o gruppi di sepolture, come sembrerebbe indicare il rinvenimento presso via del Proconsolo (167) e, forse, le sepolture presso il teatro (311). L'ingresso delle sepolture all'interno del *pomerium* è testimoniato a

Firenze per la fine del IV secolo-prima metà del V secolo, con le sei sepolture (88) presso la domus del Duomo, in un'area poi occupata dalla grande basilica paleocristiana.

Tali sepolture potrebbero essere state poste in vista della costruzione di un edificio 'sacro', oppure essere in relazione a povere abitazioni appartenenti ad un gruppo familiare o legate ad un momento di emergenza militare. Le due sepolture rinvenute quasi integre sotto il battistero (88) potrebbero essere coeve con quelle scoperte sotto il Duomo. (Tratto da Firenze, archeologia della città (secoli I a.C. XIII d.C.)

Espandendosi, la città causò la distruzione o il riutilizzo delle mura della colonia mentre lungo le strade crescevano i borghi, ma non è dato sapere se nelle nuove aree di espansione urbana fossero cresciute unità pluri-abitative, come condomini di due o più piani con appartamenti, detti *cenacula,* per i nuovi ceti di commercianti e artigiani.

Un fenomeno ben attestato altrove, con botteghe lungo i fronti stradali. Come altrove anche a Florentia possono essere avvenuti fenomeni urbanistici analoghi ad esempio come ad Ostia. Le epigrafi funerarie parlano di *collegia*, che riunivano associazioni di commercianti, imprenditori e artigiani.

Florentia dal IV al VIII secolo d.C.

La toscana settentrionale detta *Tuscia Annonaria* apparteneva a una diocesi che copriva gran parte dell'Italia settentrionale che si definiva *Italia Annonaria*. Un termine usato da Ammiano Marcellino per riferirsi alla Toscana settentrionale, che era una frazione della Regio VII. La presenza in Firenze di un *corrector* Massimino del 366 d.C. ci avvalora l'ipotesi che la città fosse divenuta la capitale della provincia di Tuscia et Umbria, a partire dalla riforma della tetrarchia (Davidsohn 1968, I: 31)

A questo possiamo aggiungere il rinvenimento nel 1873, presso Por S. Maria, della statua dedicata a Diocleziano nel 287 da parte di Aelius Marcianus *corrector Italiae* (Mirandola 1999: 62, nota 17). Il primo vescovo di Firenze è attestato nel 313. Quando fu presente a un concilio assieme ai vescovi di Pisa, Siena e Chiusi. Parliamo del tempo in cui si afferma la religione cristiana come religione di stato al tempo in cui vi furono le lotte tra cristiani e ariani e ortodossi. Un tempo in cui crebbero grandi chiese dentro e fuori città. Secondo la tradizione agiografica la prima chiesa fiorentina fu San Lorenzo consacrata dal vescovo di Milano Ambrogio, il giorno do pasqua del 494 (Davidsohn 1968, I: 55 e sgg.).

Nel 405-406 Firenze ebbe a subire il tentativo di assedio dell'esercito di Radagasio che fu sventato da Stilicone vicino Florentia. In questo tempo divenne vescovo Zenobio di Palmyra un siriaco di cultura greca. Intanto con i tumulti delle invasioni gotiche la Toscana e l'Emilia si stavano spopolando, mentre inizia un periodo oscuro, descritto da Procopio in grandi linee. La città tra il 535 e il 552 soffre dei continui schieramenti e continue conquiste e spoliazioni. Firenze a Fiesole si trovavano tra Ravenna e Roma, in un punto cruciale per ambedue gli eserciti, Greci e Goti. Nel 549 i Greci assediarono Fiesole, che resite sette mesi prima di capitolare in rovina.

Nel frattempo (541) Firenze era occupata dai Bizantini al comando di Giustino. In quel tempo ecco che arriva l'esercito di Totila che si accampa presso le mura di Firenze. I due eserciti si scontrarono nel Mugello dove i Goti sconfissero i Greci.

Ma Firenze rimane in mano ai Greci come attestato da una epigrafe di Santa Felicita del 547. Tuttavia nel 552 Firenze è occupata da Totila che aveva nel frattempo sconfitto il presidio bizantino della città. Nel frattempo Giustino viene nominato comandante di Ravenna. Nel 552 Firenze si arrende a Narsete il generale bizantino e lo prega di non recare ulteriori danni alla città. Nel frattempo orde di Franchi si danno al saccheggio della piana fiorentina (Davidsohn 1968, I: 75-83).

Un ventennio di saccheggi, carestie, pestilenze (vaiolo dissenteria nel 570, la peste bubbonica nel 571 ed infine una devastante alluvione nel 589 resero la città ormai in rovina, impraticabile. In uno scavo di Via Castellani gli archeologi hanno campionato alcuni dei vari strati alluvionali presenti nelle stratigrafie tardo-antiche datati mediante radiocarbonio. Ne sono risultati dati che testificano due importanti alluvioni una nella prima e una nella seconda metà del VI secolo. Da questi dati si evince trattarsi della grande alluvione storica del 589 (Arnoldus-Huysendveld 2007: 57-60) Altri dati ci dicono che vi era stata in precedenza almeno un'altra disastrosa alluvione.

Precedente alla prima metà del VI secolo. In questo momento così disastroso ecco che arrivano in Tuscia i Longobardi (570) ed inizia la progressiva conquista della regione. (Citter 1997: 186-187).

La memoria di questi eventi calamitosi rimase così impressa nella mente dei sopravvissuti e dei loro successori che i cronisti del XIII – XIV secolo riportarono la quasi completa distruzione della città. Il Villani, uno di questi cronisti, non poteva mancare di narrarci con molta fantasia interessanti informazioni, tratte da fonti all'epoca ancora esistenti. (Villani, *Chronica*, III, 1). La distruzione della città è provata da varie fonti e dagli indizi, anche se il VI secolo è un periodo storico che sfugge agli storici e agli archeologi, ma non agli indizi disponibili allo storico che è soprattutto un detective. Da Agostino Pertusi apprendiamo che gli eventi del Vicino Oriente, e mi riferisco ai cristiani siriaci di lingua greca e alla loro diaspora causata. La Siria che fino dal II secolo a.C. teneva stretti contatti con Firenze, e non solo con Firenze, ma con tutte le città toscane, umbre e altre, un po' dappertutto i Europa, ebbe un ruolo significativo nella storia della diffusione del Cristianesimo: l'episodio della Conversione di Paolo è riportato come avvenuto "sulla via di Damasco" e lo stesso apostolo fondò la chiesa di Antiochia. Ma nel 639 la regione venne conquistata dagli Arabi e Damasco divenne il centro del califfato degli Omayyadi, e divenendo uno dei più importanti centri culturali e religiosi dell'intero mondo islamico che assorbì la cultura ellenistica e persiana.

A partire dal 750 passò sotto gli Abbasidi di Baghdad. La popolazione bizantina che consisteva di contadini e artigiani cristiani fuggì in gran numero, portando con se la loro cultura e diffondendola nelle maggiori città. Mentre la Siria veniva a popolarsi di beduini lasciando abbandonati le città, i villaggi e le chiese. Una delle città che ebbe beneficio dai Siriaci di lingua greca e aramaica in fuga, fu Firenze. Iniziando dalla parrocchia di Santa Felicita a sud dell'Arno presso il Ponte Vecchio dove erano già molte tombe dei loro antenati. La comunità giudeo cristiana creò un'isola di civiltà che gradualmente ricostruì Firenze mentre i Longobardi rimanevano per la maggiore arroccati nei loro castelli recuperando resedi di altura un tempo abitati dagli Etruschi.

La cristianizzazione e la ricostruzione di Firenze

Gisella Cantino Wataghin (1995; et al. 1996) ha gettato le fondamenta del processo di cristianizzazione utili per capire il fenomeno fiorentino. Ma è chiaro al detective della storia dei fatti non scritti ma che hanno lasciato innumerevoli indizi come è nata l'Italia dalle rovine delle guerre greco-gotiche. Comunità che già potremmo chiamare *ecclesiae* composte di fedeli e del loro maestro-guida, approdano ad Ancona , a Ravenna, o giungono a Roma per la Via Appia, vengono invitati a cercare uno spazio soprattutto in Toscana e in Umbria, diretti verso le città mucchi di rovine quasi del tutto spopolate, con le campagne percorse da gruppi sparsi di guerrieri teutonici e alani : questi cristiani ed ebrei si accomodano alla meglio gli uni con la reliquia del loro santo e gli altri con la bibbia, tra le rovine di città, di borghi, di ville romane crollate, pian piano ricostruendo e praticando l'eucarestia in qualche mitreo o una cantina. Ed infine riesumando le conoscenze della loro civiltà fatta di architetti, artigiani, commercianti, riesumando il loro lavoro e rimettendosi all'opera sotto la protezione del loro santo e del loro padre che poi sarà vescovo.

Dopo aver accettato il Cristianesimo da parte di Costantino si innalzano le prime chiese spesso fuori le mura su precedenti luoghi sacri. Prima vi sono le domus *ecclesiae*, dei gruppi appena arrivati col loro padre. Poi vengono stabiliti i cimiteri, accanto alle necropoli pagane ma fuori le mura su luoghi di venerazione. Oltre a queste chiese fuori le mura si realizza la basilica intramura (*ecclesia*) sede del vescovo e amministrazione della diocesi. Il vescovo può anche officiare in chiese suburbane. (G. Catino Wataghin et al. 1996: 21) Una chiesa in origine cimiteriale si ritrova al centro dell'insediamento tardoantico e medievale e diviene la chiesa episcopale.

Si configura lo scontro tra borghesia cittadina che ha come punti di riferimento gerarchici il vescovo e il Papa, la nobiltà germanica delle campagne ha invece l'abate e l'imperatore. Alla base di questo era da un lato l'ortodossia e dall'altro l'arianesimo. A Firenze Sant'Ambrogio fa vescovo Zanobi per contrastare l'arianesimo. L'arianesimo si estingue con un matrimonio tra il re longobardo Autari e la cattolica Teodolinda ed il battesimo del loro figlio. I Longobardi si convertono tutti a seguito di questo matrimonio.

Non conosciamo i primi luoghi di culto cristiani in Firenze. Non sappiamo dove siano sepolti i primi vescovi fiorentini. Il martire armeno Miniato, del III secolo si crede fosse sepolto dove oggi è la chiesa a lui dedicata (Davidsohn 1968, I: 55).

Nel 392 Ambrogio lasciò Milano a causa di un litigio con l'imperatore Eugenio, si reco a Bologna e poi a Faenza, per finire a Firenze. Il santo di Milano voleva contrastare l'arianesimo in Toscana. Ambrogio, nato a Firenze sicuramente da famiglia di Palmyra, era amico di Ambrogio. (Benvenuti 1996: 98, 101).

Secondo il racconto del suo biografo Paolino, Ambrogio soggiorna a Firenze nella casa del defunto *Clarissimus Decente* («*in domo clarissimi quondam viri Decentii*») ospitato dalla vedova Pansofia col figlio Pansofio. Ambrogio consacrò la basilica di San Lorenzo nel giorno di Pasqua del 394. Tre sono le antiche basiliche di Firenze: Santa Reparata, sotto il Domo, San Lorenzo e Santa Felicita. Anche Santa Reparata era una martire orientale (per le indagini archeologiche presso S. Lorenzo cfr. De Marinis 1993). (Vannini-Scampoli 2007: 846 e sgg.). L'ipotesi del Lopes Pegna (1962: 103) che la prima chiesa di San Lorenzo sorgesse sopra il tempio di Marte non trova, per adesso, nessun riscontro archeologico o documentario.

Di Santa Felicita i hanno notizie del ritrovamento di sepolture ed epigrafi tardoantiche a partire dal XVI secolo e soprattutto nel corso del rifacimento della chiesa nel '700. Le numerose epigrafi in greco testimoniarono l'esistenza di una comunità orientale di religione cristiana stabilitasi in città. (Maetzke 1957: 90 e sgg.) Forse occorre dire che c'era una bella differenza culturale tra gli invasori teutonici e una società di siriaci di cultura greco ellenistico iranica, ed obbligatorio dire che l'apporto culturale di queste genti coltissime deve aver determinato la superiorità di Firenze nel commercio e nelle arti della futura Firenze dal XIV secolo in poi.

Tornando alla parte urbanistica della città, le abitazioni in *pisé,* in pietra e legno ad uno-due ambienti, con pavimenti in terra battuta, e le case rettangolari a due piani, con portico, cortili all'aperto e scala esterna, sono tutti tipi di edifici attestati dai documenti medievali di molte città italiane nei secoli IX-XI (Galetti 1997: 59 e sgg.) Questi sviluppi iniziano a manifestarsi già nel tardo antico, V secolo. Si manifesta nella fase della transizione tra tardo antico e basso Medioevo, la comparsa di semplici abitazioni rettangolari con uno o due vani in legno, in *pisé* o in povera muratura, da poter parlare di una ruralizzazione dell'architettura urbana. Ciò che realmente accade, è l'influenza teutonica che si fa presente assieme tuttavia a un ceto altamente sofisticato di origini bizantine. Si incominciano a notare modelli nordici portati dagli invasori longobardi provenienti dall'alta Sassonia e quindi scesi in Pannonia e poi in Italia. (Brogiolo 1994a; Valenti 1996: 92; Santangeli Valenzani 2004: 42-43; Christie 2006: 245-246).

Arrivò in città una architettura elementare

che non necessitava di specialisti. Si manifesta insomma l'abbandono della domus romana e l'arrivo della capanna rurale e nordica con strutture lignee e pareti di *wattle and doub,* ossia graticcio e fango, oppure mattoni crudi. In campagna compaiono chiese parrocchiali di una estrema semplicità costruite con conci ottenuti con un martello su stratificazioni di arenaria o pietra-forte, trovata nelle vicinanze. Qui parliamo del periodo che v dal VII al X secolo. Poi arriveranno maestranze da una parte orientali che si occuperanno di torri e palazzi riconoscibili dai bugnati a nastro, di origine greco orientale, dall'altra parte maestranze comacine ossia ticinesi he incominceranno a costruire case affiancate verticali e campanili per le pievi rurali come se ne vedono in tutto il contado fiorentino. Dietro le case torri affiancate, che creano borghi come ad esempio a Poppi, che sul retro hanno orti che oltre ad agli e cipolle produrranno zafferano e altre spezie comuni sulle magre tavole degli orientali di coltura greco-iranica. Di ritorno dalla prima crociata i cavalieri dopo giorni di assedio attorno Gerusalemme ammirano le mura di cinta della città, la Torre di Davide e decidono di portarsi dietro al ritorno, maestri tagliatori di pietre, architetti e muratori. Quindi si vedranno apparire in Svevia, a Rothenburg, Dinkelbuhl e altre cittadine munirsi di mura di cinta e torri uguali a quelle greche della Cilicia.

Le strade di Firenze fiancheggiate da edifici bugnati, con archi e finestre che avranno lo stesso aspetto delle strade di Aleppo, di Damasco e Antiochia. Comunque le strutture delle abitazioni precedenti venivano riutilizzate come appoggio per le nuove costruzioni, altrimenti servivano come cave di materiali da costruzione, venivano riciclate secondo il gusto dei tempi. Qui entra in scena la scienza dei memi.

(Il meme è un elemento culturale che si propaga, per imitazione, da un individuo ad un altro. Può assumere la forma di un'idea, stile o comportamento, e può essere propagato tramite le relazioni interpersonali o tramite i mezzi di comunicazione di massa. I memi, così come i geni, hanno le proprietà di replicarsi, mutare, ed essere soggetti a selezione naturale. Wikipedia)

La contemporaneità e l'accostamento di semplici abitazioni, tuguri, capanne, con i grandi edifici pubblici, ecclesiastici o imperiali (si pensi ad Aachen-Aquisgrana) C'erano case in *pisè* e legno attestate da muretti di fondazione e buche di pali (Hodges 2008). La contemporaneità di edifici privati semplicissimi e ricchi edifici ecclesiastici e amministrativi fu una realtà visibile in ogni città risorta e popolata dalle due classi che convivevano nel nostro tardo antico e anche l'alto medioevo dal VI secolo in poi. La classe di stirpe teutonica e iranica dei Goti, dei Longobardi e degli Alani, guerrieri, pastori e contadini, la cui gerarchia di riferimento religioso erano il duca l'abate e l'Imperatore, aderente al diritto barbarico, si contrapponeva alla classe dei borghesi, mercanti, artisti e artigiani, che aderiva al diritto romano e aveva come riferimenti religiosi il sacerdote, il vescovo e il Papa di Roma.

Firenze dopo le devastazioni causate dalle guerre greco gotiche era un riadattamento alla meglio di mura di edifici crollati, pavimenti di case un tempo lussuose, con buchi di palo divisi in settori, coperti con tegole riciclate, fosse di sepolture longobarde erano ovunque. Il vano absidato di un calidarium fu utilizzato come abitazione. Questi rifacimenti sopravvissero anche nei secoli usati come laboratori di artigiani o case per povera gente. Si erigevano musi a secco con le macerie di case crollate. Alcune case rovinate le troviamo riciclate in *domus ecclesiae* con vasca per i battesimi.

Gli archeologi di Firenze antica dicono che non è facile delineare la trasformazione delle abitazioni private tra il IV e VII secolo. Firenze in questo periodo era un porto di mare, con gruppi di migranti dal Vicino Oriente che si sistemavano alla meglio sotto ripari improvvisati. Spesso bullizzati e schiavizzati dai teutonici, che non avevano rispetto o simpatia per il commercio anche se in embrione. Ebrei cambiavalute, commercianti di pellame e di stoffe, artigiani del ferro, calderai che creavano recipienti di rame, forchette e cucchiai e coltelli. Tintori, calzolai, cuoiai, vasai i cui forni producevano rozze stoviglie. Iniziava o si risvegliava l'arte della lana. I teutonici non erano propensi al commercio a all'industria artigiana com'era allora.

Possedevano le terre ed erano in simpatia

con le grandi tenute monastiche. Vivevano facendo pagare tributi, affitti, pedaggi, e cercavano di ottenere oggetti preziosi e lussuosi. Avevano un entourage di uomini, e donne, che gravitavano attorno a loro, che poi in seguito saranno chiamati famigli. Nell'area del Duomo e Battistero che è stata indagata si trovano i seguenti fatti: 1) la domus e le piccole terme, non più funzionanti, sono occupate, dopo un periodo di abbandono, da piccole abitazioni con fondazioni in muratura, databili genericamente tra la fine del IV secolo ed il VII secolo; 2) l'intero isolato passa nella proprietà della Chiesa e, nel corso del V secolo, è realizzato un primo edificio per il battesimo. Annesse al battistero sono creati una serie di ambienti liturgici (molti battisteri di V-VI secolo avevano intorno ambienti e cortili per la liturgia, cfr. White 1996: 121-255. In particolare vedi, tra gli altri, gli esempi famosi della cosiddetta 'casa di S. Pietro' a Capernaum in Palestina, ed il complesso episcopale con Battistero ottagono e impianto termale di Filippi, in Grecia). In seguito, nel corso della seconda metà del VI ed il VII secolo, il complesso subì alcune trasformazioni, ma mantenne la sua funzione battesimale. (White 1996: 121-255.)

Nella zona di Piazza Signoria, ben indagata archeologicamente, l'abbandono dell'insieme terme-fullonica-teatro, lasciò una considerevole zona di abbandono e rovine, nell'attuale piazza sorsero dalla fine del IV secolo abitazioni, ripari, laboratori di artigiani e sepolture a fossa, gli edifici erano i soliti intelaiati di legname con mura di fango o mattone crudo, spesso appoggiati alle mura romane delle terme. Le pavimentazioni erano di terra battuta dove erano i focolari delle cucine La latrina delle terme ed alcuni locali rimasero utilizzati come pubbliche latrine e povere abitazioni. Adiacente a questa baraccopoli vi crebbe una basilica cristiana di dimensioni 7x50 metri, con annesse sacrestia e battistero.

Con il cristianesimo cambiarono anche i cimiteri o luoghi di sepoltura. Inizialmente, III secolo, i cristiani venivano seppelliti lungo le strade assieme ai pagani (Cantino Wataghin 1999: 151-152), cambiarono in seguito le aree di sepoltura, attorno alla chiesa o alle mura cittadine, qui furono inumati i primi martiri e gli ecclesiastici capi di comunità.

Chiarisco che i gruppi di migranti dall'oriente giungevano nelle città in rovina e quasi del tutto abbandonate guidati da capi comunità, provenivano da una certa regione col loro capo e portando le reliquie dei loro martiri ai quali intitolavano la loro ecclesia. Accanto alle tombe di questi capi comunità e martiri si raggruppavano le tombe popolari.

La tomba di un martire diventava luogo sacro, come si evince dalle narrative dei pellegrini in Terrasanta. Essere sepolti accanto alla tomba di un santo conferiva spiritualità e santità. I pagani come gli ebrei non seguivano queste abitudini seppellendo i loro morti lontani dai luoghi di culto. La basilica cimiteriale di Santa Felicita presso il Ponte Vecchio ospitava le tombe dei siriaci di lingua greca che avevano il loro quartiere di artigiani e artisti, oltre l'Arno. («Dio è con la comunità ed ogni suo membro, non con le pietre della sua chiesa», (S. Agostino, Sermone 337).

Un editto imperiale del 381 ribadiva, secondo il concetto pagano di sacro, che i corpi contenuti in urne e sarcofagi posti sotto il terreno, dovevano essere portati fuori dalla città dei vivi per non intaccare la sacralità delle case dei cittadini; in particolare la legge specifica che anche i corpi di apostoli e martiri devono essere sepolti fuori dalla città (Lambert 1997: 286-287). I morti adesso venivano sepolti dove erano i viventi. («Cominciò con i Santi, i "morti specialissimi", che furono formalmente insediati in chiese situate all'interno delle mura della città nel IV secolo. Poi continuò con le spoglie di cristiani privilegiati, come chierici e generosi patroni delle chiese, che desideravano essere sepolti vicino ai santi. Infine le tombe di cristiani comuni sono comparsi lentamente ma costantemente all'interno delle città» – (Caseau 2001:37).

La santità della reliquia era contagiosa e permeava tutto ciò con cui entrava in contatto, anche l'olio che veniva bruciato davanti alle tombe dei santi, che veniva portato via dai fedeli o pellegrini in *ampullae* (Caseau 2001: 43). I migranti giungevano con le reliquie dei loro martiri dal mondo bizantino che i stava islamizzando, la reliquia veniva murata nell'altare e la chiesa era dedicata al relativo santo. Sono numerosi i casi osservati da chi scrive. Inumazioni di 'emergenza' legate a guerre e assedi sono plausibili, ma il fenomeno delle sepolture urbane appare talmente diffuso ed irreversibile, da lasciar sottintendere che le tombe d'emergenza rientrassero all'interno di un processo iniziato anche, e soprattutto, per altri motivi (Cantino Wataghin1999: 148-150). Firenze, archeologia di una città (secoli I a.C. - XIII d.C.) Firenze University Press 2010

Oltrepassati il Boldrone e il fosso Gavine, la conduttura, ora a fior di terra, raggiungeva Doccia, un nome che sempre indica canalizzazioni romane. Poi il condotto scendeva sul fosso Zambra proseguendo poi nei campi, seguiva la via di Quinto fino alla villa di Castello col suo grandioso prato con due enormi vivai pieni di acqua sorgente che arriva mediante un acquedotto romano costruito per portare le acque dalla Vialmarina a Firenze. Oltre il parco del Vivaio, il condotto passa sotto la villa Corsini per raggiungere la Casa del Mazza che rasenta.

Poi visibilmente traversa una strada che

porta al Monastero della Quiete. Continua una descrizione del Manni. Dopo una serie di rovine ben visibili indirizzandosi verso il Ponte di Rifredi dove si vedono ulteriori rovine (Manni, D.M. *Delle antiche terme di Firenze,* Firenze 1751, Pag 28.)

Per mantenere sufficiente pendenza, I romani indirizzarono il condotto verso il piano di Quarto dove costruirono delle basse arcate che erano ancora visibili nel Medioevo vicino al borgo delle Panche e la vicina Pieve di Santo Stefano in Pane, che fu definita *"all'Arcora",* pere gli archi.

Oltrepassato il torrente Terzolle e seguendo la via suburbana di raccordo con la consolare Cassia (vie Corridoni e del Romito). Al tempo del Manni si potevano vedere ancora tracce dell'acquedotto nei campi del Capponi e del marchese Corsi. Nel 1529 al tempo dell'assedio di Firenze si vedevano ancora *"le arcate dell'acquedotto".* Con deliberazione del Consiglio degli Ottanta del 19 ottobre 1529 fu decisa la distruzione di ogni edificio nel raggio di un miglio dalle porte cittadine affinché il nemico non potessero trovare alcun rifugio negli immediati pressi della città e non fosse impedito da ostacoli di sorta il tiro delle artiglierie fiorentine. All'epoca di Vincenzo Borghini *"allato alla chiesa di San Giovannino che ancor per questo si chiama Fra l'Arcora erano in piè dieci o dodici archi di quell'Acquidotto, dove oggi non è che due. Con tre pilastri che non dovranno star gran tempo a cascare, tanto sono alla lunga età consumati"* (Borghini. Pop Cit.)

Man mano che ci avvicinavamo a Firenze, fino a qualche secolo fa trovavamo archi e colonne dell'acquedotto, in piazza Tanucci, verso il Romito. Vincenzo Maria ù   Borghini monaco benedettino nella Badia Fiorentina, tramandò le sue memorie: *ricordandomi io fuor della Porta che si diceva a Faenza, a lato della chiesa di S. Giovannino, che ancor per questo si chiama Fra l'Ancora lì, essere in piè dieci o dodici Archi do quell'acquidotto, dove oggi non è che due, con tre pilastri, che non dovranno star gran tempo a cascare. Tanto sono dalla lunga età consumati"*. Ma due di questi archi rimasero in piedi ancora due secoli e furono visti, poco prima della loro demolizione, dal Gori che gli disegnò e pubblicò nella sua raccolta antiquaria (Gori A.F. *Inscriptiones antiquae urbibus extantes.* Firenze 1776, III, pag,148).

Ogni traccia dell'acquedotto scomparve nel 1534. Tuttavia il Manni ne ritrovò il percorso in Via Faenza. La chiesetta romanica di San Miniato si trovava dove oggi è il palazzo delle poste di fronte a Via Sassetti l'allineamento delle arcate riprodotte in un disegno del Perini pare perfettamente coordinato con santa Maria Maggiore e al rudere di Capaccio, come risulta scritto nei più antichi documenti. Anche il Corinti disegna in tal modo l'andamento dell'acquedotto, le cui arcate urbane servirono poi ai Bizantini per erigere dietro il Campidoglio il muro di cinta indicato dal Malespini e in tempi vicini a noi riconosciuto da Maetzke (Maetzke, *Ricerche nella topografia fiorentina nel periodo delle guerre goto-bizantine*, pag.8 108).

Sino dai tempi del Villani erano note le terme di Capaccio. Le esigenze di amministratori pratici non hanno consentito la conservazione in loco dei recenti ritrovamenti archeologici di Por Santa Maria, Delle supreme vestigia, scrive Lopes Pegna, delle magnifiche terme adrianee, provviste di colonne di candido marmo lunense, di lesene e di stucchi colorati. Quando le terme erano funzionanti erano veramente una meraviglia. Avevano volte dorate con finestre dalle quali venivano morbidi fasci di luce attraverso lastre *lapis specularis* (fengite trasparente) che colpivano bronzi e statue marmoree, facendo risaltale le membra di divinità marmorizzate.

Le terme romane erano il ritrovo dei cittadini, che discutevano degli eventi del momento e soprattutto discutevano di affari e di donne, tra un brulicare di mercanti, venditori ambulanti e di bighelloni. Il canonico Manni dedicò alle terme. L'edificio occupava una notevole area dal Mercato Nuovo a Borgo Santissimi Apostoli e da ovest fino al palazzo Davanzati. Si rinvennero colonne di marmo frammentarie e capitelli corinzi. Avvennero ritrovamenti nei sotterranei profondi della casa di faccia a Via Vacchereccia, nelle cantine del Palazzo Nobili, in Via delle Terme e sulla cantonata della Via di Capaccio dove secoli fa vi erano i ruderi del *castellum aquae*.

Le Terme Capitoline erano vaste, coprendo un'area di oltre 3000 mq, si trovavano dietro il

Campidoglio in una delle *insulae* dove sin dal periodo delle fondazione delle Colonia vi erano case di abitazione. In questa zona sono utili i disegni del Corinti. In epoca adrianea Florentia si arricchì di palazzi e monumenti che occuparono vaste aree della città primitiva che dovette espandersi ampliando il suo perimetro. Queste terme rimasero in uso senza subire ristrutturazioni per tutto il periodo imperiale Furono abbandonate dopo l'assedio dei Bizantini che il taglio dell'acquedotti le misero all'asciutto, quindi furono usate come cave di materiale da costruzione nell'epoca barbarica quando la città si ridusse drammaticamente. Sulle rovine sorsero verso il mille le case dei Vecchietti e la chiesa di San Donato, patronato di questa famiglia. La chiesa romanica fu edificata sulla piscina frigida, attualmente ricostruita nel Museo Archeologico.

Il Ponte Romano

Verso la metà del I secolo fu eretto il primo ponte di Florentia, che sostituì il traghetto. Il Villani, non sapeva o credeva che la città romana so fosse estesa sulla riva sinistra dell'Arno e disse che il ponte, l'unico ponte di Florentia era quello del Girone che definì *l'antico ponte de' fiesolani*. Un pilone di questo ponte venne in luce quando il nuovo ponte della ferrovia veloce causò la rovina della pescaia all'inizio degli anni 1980. E allo stesso tempo affiorò anche una chiusa di sassi che serviva ad alzare di circa 50cm il livello dell'Arno rendendolo meglio navigabile fino alla chiusa della Cartiera di Candeli. Mario Lopes Pegna non visse a lungo per constatare il ponte al quale faceva riferimento il Villani esisteva davvero. Riferendosi al Targioni Tozzetti, Lopes Pegna dice che contrariamente a quanto sostenne quest'ultimo che non vi era ponte al Girone, contrariamente a quanto asseriva Davidsohn. Invece il ponte c'era e come, nella proprietà di chi scrive. (Davidsohn. *Storia di Firenze,* 1, pag.9).

Il ponte era di legno su piloni di muratura ed

era ubicato in linea con Cardo di Florentia, più ad est dell'attuale, in linea con la Piazzetta del Pesce. (Maetzke, *Osservazioni sulle recenti ricerche nel sottosuolo di Firenze*, in Atti dell'Accad. Fiorentina La Colombaia, n.s. II (1951) pag.5). A metà del primo secolo a.C. il Ponte fu rifatto più spazioso e resistente quando la Via Cassia Adrianea raggiungeva Firenze dalla sponda sinistra dell'Arno transitando di fronte al luogo dove sorse la chiesa di Santa Felicita.

Il Porto di Florentia e la navigabilità dell'Arno

Come a chi scrive appare palese, Firenze è nata in virtù del fiume che penetrando verso il centro geografico della Penisola alle falde dell'Appennino, in un punto dove la viabilità spontanea nord-sud dei popoli primitivi traversava il fiume. Il porto fluviale di Florentia ha lasciato le sue tracce nella planimetria della città attuale. Un'ansa dell'Arno accanto al Ponte alle Grazie è ancora visibile nella curva che da Piazza Mentana entra in dei Vagellai.

La navigabilità dell'Arno da Pratovecchio a Pisa è storicamente provata (Bonaini, E. *Statuti inediti della città di Pisa,* III pag.1163)

Lo scalo fluviale del Pignone nei pressi della Porta a San Frediano risale al XV secolo, dopo che le pescaie che servivano gli opifici, le cartiere e i mulini lungo il corso dell'Arno, avevano interrotto i trasporti a mezzo di barconi a fondo piatto detti navicelli, che da secoli avevano trasportato da Pisa, controcorrente, carichi di lana, di ferro dell'Elba e di spezie orientali. Infatti nel 1218 arrivavano esclusivamente diretti verso Firenze, gli statuti di Pisa dicevano *"de' foderi i navaioli qui vadunt per Arnum ad Florentiam"*, due secoli dopo si erano fermati e lo scalo fu abbandonato e rimase interrato. Infatti la zona del porto romano rimase completamente interrata nel 1236, quando il podestà Rubaconte ordinò la costruzione del Ponte alle Grazie, per lungo tempo detto Ponte a Rubaconte. Dopo la costruzione nel 1371 di una chiesetta sul pilone settentrionale dedicata alla Madonna delle Grazie. Se non fosse per un documento notarile del 7 dicembre 1162 riferentesi a una casa sita *"in loco qui vocatur a la fonte al porto prope fluvio Arno"* non avremmo certezza sull'ubicazione del porto romano. (Davidsohn, *Forschungen,* I, pag.162)

E non è escluso che piazza Santa Croce fosse il bacino del porto romano.

La ben nota, perfetta organizzazione degli approvvigionamenti di derrate alimentari nella Roma antica (in particolare l'*annona,* dalla dea omonima cui venivano consacrati i magazzini destinati a raccogliere il frumento) fu un caso emblematico. Se le navi che arrivavano a Ostia via mare dirette a Roma, alquanto più standardizzate e di dimensioni minori erano quindi le *naves caudicariae* dal più modesto pescaggio, dal fondo piatto che facilitava la risalita lungo l'Arno, anche incontrando banchi sabbiosi secche e fasi di magna. Interessante è lo storico Canale Navicelli scavato da Pisa a Livorno con un progetto del 1541, attivo fino al ventennio del 1900, lungo 22 km ma profondo solo 1,50. Aveva una larghezza di 35m. e una profondità massima di 3,5m. La navigazione fluviale fu abbandonata in favore del trasporto su gomma, che non solo ha causato disastri ambientali, irreparabili che hanno avuto un effetto straordinario sugli storici e gli archeologi che mai menzionano il trasporto fluviale e il ruolo fondamentale che ha giocato non solo nel bacino del Po, ma nell'Etruria interna!

I fiorentini

Tornando al nostro soggetto delle origini di Firenze e naturalmente dei fiorentini, torno agli insegnamenti di uno dei miei maestri e il più grande storico fiorentino, Mario Lopes Pegna.

Dopo le guerre gotiche, che lasciarono la colonia romana dilapidata e deserta, in preda a frequenti alluvioni, occorre pensare o riflettere sul ripopolamento del sito di. Il grande, indimenticabile, Riccardo Francovich, uno dei più illustri e illuminati archeologi del quale godevo la massima stima anche quando ero certo di non meritarla, sosteneva che il V secolo segnava la fine dell'età Classica e l'inizio dell'era formativa dell'Occidente ossia delle nostra era. Questo fu il periodo delle grandi rinnovate migrazioni dall'Asia di popoli a cavallo seguenti il cammino del sole.

Tali migrazioni erano sempre esistite, fino dal Paleolitico e sempre avevano stimolato quello che da sempre abbiamo conosciuto come progresso, fosse questo o non fosse vero progresso, comunque la si pensi, era mutamento ed era anche fertilizzazione culturale. Problemi climatici o fasi di conflitti demografici o altro, mettevano in movimento da Est ad Ovest intere popolazioni, magari etnicamente identiche, ma assumendo nel corso del loro movimento, una identità, ossia un nome che progressivamente, sempre più diventava identità.

L'invasione dei popoli delle steppe che in Europa e nel Mediterraneo sconvolsero le popolazioni post neolitiche nel nord Europa e le prime civiltà del Mediterraneo, portarono un rinnovamento linguistico e soprattutto genetico in tutto l'Occidente (David Reich, see bibl.)

La ricerca inizia da quella che Lopes Pegna definisce *"L'esegesi critica della storia costruttiva della cattedrale di Santa Reparata e del battistero di San Giovanni,"* le più importanti testimonianze paleocristiane di Firenze (Lopes Pegna, M. *Le più antiche chiese fiorentine.* Libreria editoriale del Re, Firenze, 1972).

Come lamentava Lopes Pegna, gli intellettuali fiorentini che si dichiarano esperti e soprintendenti ai monumenti e al patrimonio, non sono riusciti fino al tempo del Lopes Pegna a fare altro che produrre supposizioni sulla natura e origine del battistero. Ed è sconcertante trovare che ancora oggi il problema rimane aperto. Conosciamo le fasi dei vari interventi e dei ruoli che questo edificio, di chiara fattura orientale, ha subito, tra il IV e il IX secolo. Le storie e le leggende che riguardano il monumento e che lo ritengono di origini paleocristiane hanno forse un fondo di verità, ma vanno accettate con cautela. Utili informazioni le troviamo nella "cronotassi" dei vescovi fiorentini, ma anche queste vanno prese con eguale cautela. Come riporta il maestro Lopes Pegna l'argomento è stato genericamente trattato sia dal più profondo storiografo di Firenze, Robert Davidsohn, che però morì novantenne nel 1939. Autorevoli sono le supposizioni di Richa e di Lami, pur essendo prive di analisi critica particolare.

Grazie ad una campagna di scavi iniziata nel 1966 e culminata tra il 1971 e il 1972 siamo riusciti ricostruire la pianta della paleocristiana cattedrale di Firenze, Santa Reparata, e sono emersi interessanti ritrovamenti. Oggi si possono visitare gli scavi accedendo dalla navata destra del Duomo. La chiesa ospita i sepolcri dei papi Stefano IX e Niccolò II, di vescovi fiorentini e di alcune personalità, come Filippo Brunelleschi. Il culto cristiano pare giunto a Firenze per la Via Faentina e nella parte prossima alla porta settentrionale della città romana. Qui, dove i due monumenti più importanti di Firenze attraggono l'attenzione di vaste folle di turisti è sempre esistita un'area sacra o di culto. Qui vi erano il palazzo vescovile, il Battistero, un ospedale, una canonica, un cimitero e le chiese di San Salvatore al Vescovo, San Michele a Visdomini e Santa Reparata. Qui fu inumato il primo vescovo di Firenze, di origini siriane, portante col suo nome omaggio alla famosa regina Zenobia di Palmira. Nato da immigrati siriaci, Zanobi nacque verso il 328 e fu sepolto inizialmente nella prima chiesa di Firenze, San Lorenzo, fondata da Ambrogio, vescovo di Milano. Le leggende dicono che la fondazione della chiesa avvenne quando gli Ostrogoti di Radagasio scesero nella pianura fiorentina e si confrontarono con la guarnigione romana della città durante il regno dell'Imperatore Onorio. La battaglia ebbe luogo nel 4°5-4°6. Quando la chiesa già esisteva. La vittoria su Radagasio avvenne nel mese di agosto, tuttavia la tradizione vuole che La fondazione della Chiesa avvenne come ringraziamento a Santa Reparata. Un certo Vescovo Andrea, effettuò la translazione del corpo di Zanobi da San Lorenzo a Santa Reparata nel 430, quindi la chiesa già esisteva. Invece sappiamo che la translazione avvenne nel IX secolo.

Firenze divenne sede vescovile nel 313 e il primo vescovo risulta essere stato Felice e non Zanobi. Inoltre, Firenze si spopolò verso la metà del IV secolo perché i latifondisti fiorentini abbandonarono la città per evitare tasse esose. Così le case più importanti della città crollarono abbandonate dagli agricoltori che si insediarono in campagna. Le rovine vennero rimesse parzialmente in piedi in forma di botteghe di artigiani e dimore di immigrati dall'Oriente.

Giovanni Villani nella sua Cronaca scriveva:

"In questi dì di ottobre (1353) vacando in pace i Fiorentini, i priori vollono chiarire perché la chiesa cattedrale di Firenze era dinominata Santa Reparata (...) e questo avvenne il dì della festa della vergine benedetta santa Reparata, per la cui reverenza s'ordinò e

fece nuova chiesa cattedrale alla nostra città intitolata del suo nome." (Giovanni Villani, Cronica)

Nel 1965 e fino al 1973 i Fiorentini diedero l'avvio a una grande campagna di scavo sotto la cattedrale di Sante Maria del Fiore, più nota col nominativo di Duomo. Questi scavi portarono in luce le fondamenta e il piano terra della precedente cattedrale, la basilica di Santa Reparata, che porta testimonianza della prima cristianità di Firenze. Fino da allora si avevano testimonianze di questo evento solo dagli scavi della chiesa di Santa Felicita del Ponte Vecchio e dalle poche tracce conservate nella primigenia cattedrale di San Lorenzo. Fino ad oggi sotto il pavimento del Duomo vi era quella che si definiva Cripta, da sempre frequentata come sala per le riunioni del Parlamento della Repubblica di Firenze fino a quando fu edificato il cosiddetto Palazzo Vecchio. Gli scavi misero in luce le basi di uno dei più grandi edifici paleocristiani della Tuscia. La chiesa era molto simile a Sant'Apollinare Nuovo di Ravenna, aperta e luminosa, con eleganti arcate e colonne di marmo riciclate dagli edifici di Florentia romana. La Chiesa fu dedicata a Santa Reparata per un voto fatto per grazia ricevuta nella vittoria cristiana del 405, contro Radagasio re dei Goti. Reparata, era orientale come la maggior parte della gente cristiana che venne a popolare Florentia quasi disabitata a seguito delle devastazioni, le epidemie e le stragi causate dalle Guerre Cotiche. Ma anche la chiesa soffrì danni gravissimi e dovette essere restaurata radicalmente al punto di essere ricostruita durante il "Rinascimento carolingio", acquisendo un aspetto assai simile all'abbazia di Pomposa a Ferrara.

Tra gli anni 1050-1106 fu traferito nella chiesa rinnovata il corpo di San Zanobi il primo vescovo di Firenze, non a caso un siriano figlio di immigrati, il cui nome gli fu dato in onore della regina Zenobia di Palmira. Il corpo del santo rimase lì fino agli anni 40 del CV secolo quando la chiesa fu abbattuta e si iniziò la costruzione dell'attuale Senta Maria del Fiore dove Zanobi fu inumato. 'area archeologica del duomo che fu aperta al pubblico nel 1974 contiene un intrico di mura e di pavimenti di edifici della Florentia romana.

Tuttavia la più antica chiesa paleocristiana di Firenze è Santa Felicita che è di epoca romana, sorta nel luogo di un cimitero di immigrati siriani che portarono non solo il cristianesimo a Florentia, ma anche i semi di quella che sarebbe stata dal 1300 la città più ricca e più colta del mondo conosciuto. I migranti levantini erano soprattutto mercanti, artigiani, artisti, intellettuali, che vennero a stabilirsi in un punto geograficamente favorito evidentemente al loro scopo, che in fondo era logisticamente lo stesso degli Etruschi. Una via d'acqua che portava all'interno della Penisola su un crocevia importantissimo articolantesi su un territorio di ricco potenziale agricolo. La prima chiesa risale al IV secolo quando fu dedicata a una martire di Cartagine ai tempi di Marco Aurelio. Mi pare abbastanza ovvio che un tale culto sia stato portato qui da immigrati di Cartagine, quindi della Siria come evidenziano le epigrafi funerarie rinvenute numerose negli scavi degli anni 1940

(Guglielmo Maetzke, *Fiesole: scoperta di tombe etrusche in via G. Matteotti; Firenze: resti di basilica cimiteriale sotto santa Felicita; Sticciano scalo*

(Grosseto): scoperta di un tesoretto monetale disperso, in *Notizie degli scavi di antichità*, vol. 11, Roma, Accademia Nazionale dei Lincei, 1957, pp. 268-327, ISBN non esistente.

La chiesa sorse non per caso laddove la Via Cassia Adrianea raggiungeva il Ponte Vecchio. Da lì e da nord giunsero poi i Longobardi e i Goti che prima di italianizzarsi detestando la vita cittadina e gli edifici in muratura, distrussero tutto quello che stava in piedi preferendo edifici di legno. Poi le abitazioni che eressero avevano un telaio ligneo di travi con pareti di graticcio e fango, o mattoni crudi e tetti di paglia. Questo tipo di abitazioni si trova ancora in certe regioni della Spagna, della Francia e un po' in tutta Europa. Questi teutonici preferendo la campagna alla città, poiché avevano una economia basata sull'allevamento di animali e sulla caccia, si insediarono arroccati su siti etruschi in tutto il territorio, inizialmente costruendo centri agricoli fortificati detti "corti" con palizzate e torri di guardia, che poi furono erette con bugnati di pietra raccolti dalle rovine che erano sparse dappertutto in città e fuori. Attestandosi su colli dominanti soprattutto trade commerciali, passarono dall'allevamento alla coltivazione dell'uva e alle imposizioni di pedaggi, balzelli dazi e affitti a spese di cittadini dediti al commercio e all'artigianato.

Quando il cristianesimo si diffuse dappertutto, in città la borghesia urbana, di cultura bizantina aveva come pastore il vescovo che dominava su una serie di parrocchie di una città, il vescovo era soggetto al papa di Roma. Mentre i baroni e i conti di origine teutonica beneficiari di feudi assegnati loro dall'imperatore erano sostenitori dei monasteri dove mandavano i loro figli obbedendo del punto di vista religioso a un abate. Naturalmente con l'andar del tempo si generarono conflitti di interessi, per due motivi, uno dei quali era l'interpretazione del diritto, che i teutonici osservavano il diritto consuetudinario, che era di diverse forme, longobardo o franco o gotico. Mentre la borghesia aderiva al diritto romano. Verso il X secolo, come evidenzia chiaramente la Cronica del Villani i fiorentini sistematicamente abbattono i castelli, e molti della nobiltà castellana si stabiliscono in città assumendo soprattutto ruoli militari costruendo torri nella città.

Mentre Firenze conferma il suo potere raggiungendo i confini delle diocesi di Firenze e Fiesole e creando colonie, anche queste accolgono immigrati da ogni parte del mondo conosciuto. La borghesia acquista od ottiene terreni che coltiva col sistema mezzadrile. La manodopera di servi e garzoni proviene in parte dai famigli dei conti e da schiavi, slavi, caucasici e tartari. Nella prima metà del 1300 Firenze è ricchissima, i suoi mercati raggiungono il Cathai (La Cina), si ricordi la Guida di Balducci Pegolotti e il Libro Vecchio della Mercatura. Questo manuale contiene una guida dettagliata per raggiungere la Cina dalle colonie genovesi del Mar d'Azov con diversi consigli su come equipaggiarsi, sui mezzi di trasporto ecc.

La peste nera spazza via oltre metà della popolazione. Le campagne vengono abbandonate, i borghi rurali crollano nell'abbandono. La caduta di Costantinopoli 1444, causa una fuga verso Occidente e arrivano a Firenze come del resto altrove, rifugiati dal mondo colto di Bisanzio che portano artisti, letterati, scienziati che causano il fiorire del Rinascimento. Si risollevano anche le campagne, i borghi rurali lo testimoniano. Il resto è storia risaputa.

Per approfondire le conoscenze su Firenze da Medioevo al Rinascimento, chi non conosce bene la lingua italiana può leggere Ferdinand Schevill (1868–1954) è stato uno storico americano.

Laureato alla Yale University nel 1889 e terminò il dottorato di ricerca a Friburgo nel 1892. Nello stesso anno arrivò all'Università di Chicago, dove insegnò dal 1892 al 1937.

Il primo libro di Schevill, un libro di testo sulla storia dell'Europa occidentale, fu Storia politica dell'Europa dal 1500 ai giorni nostri. È stato rivisto e ristampato molte volte. Nel 1922 Schevill pubblicò *"The History of the Balkan Peninsula: From the Earliest Times to the Present Day"*. Schevill si ritirò a vita privata nel 1924. Tuttavia nel 1930 rientrò all'Università nel Corso generale di studi umanistici di educazione generale, ritirandosi cinque anni dopo per finire La storia di Firenze (1936). Schevill ha continuato a fare ricerca, e nel suo ottantesimo anno dall'Università di Chicago tenne

una conferenza a Francoforte dedicandosi alle sto-
riografie di famosi scrittori del Rinascimento. La-
scio la palla nel suo campo:

"*Medieval and Renaissance Florence*". Volume
1 "*Medieval Florence*" *The History of Florence. New
York: Harcourt, Brace and Company. 1936.* reprinted
as *Medieval and Renaissance Florence* (1965)

Riccardo Francovich, Federico Cantini, Emi-
liano Scampoli, Jacopo Bruttini

*La storia di Firenze tra tarda antichità e me-
dioevo. Nuovi dati dallo scavo di via de' Castellani**

FINE

****

Figura 1: La posizione di Firenze come capolinea di una via d'acqua che da Pisa collegava l'interno della Toscana con il Tirreno.

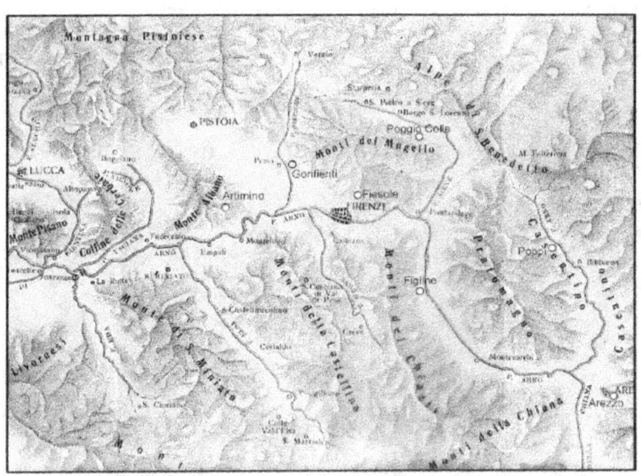

Figura 2: La posizione strategica di Firenze e Fiesole in epoca etrusca.

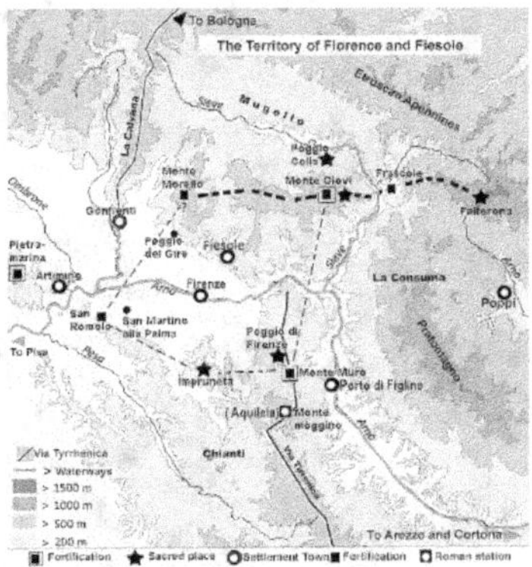

Figura 3: Foto d'epoca degli scavi del centro di Firenze che ebbero luogo tra il 1865 e il 1895. Ritrovamento di sepolture

villanoviane nell'area di Piazza della Repubblica. Il cinerario nella fossa a pozzetto fu invenuto sul lato occidentale di Via Pellicceria, altre tombe furono ritrovate sotto il pavimento di una cantina sotto il cinema Gambrinus e un'altra fu trovata in Via Vecchietti. Molte altre tombe di Firenze villanoviana furono distrutte oppure regalate agli amici e ai curiosi dai muratori che costruirono gli edifici attuali.

Figura 4: La situazione di Firenze romana dove Mario Lopes Pegna localizzò l'acquedotto proveniente da Val di Marina e le necropoli sulle vie principali.

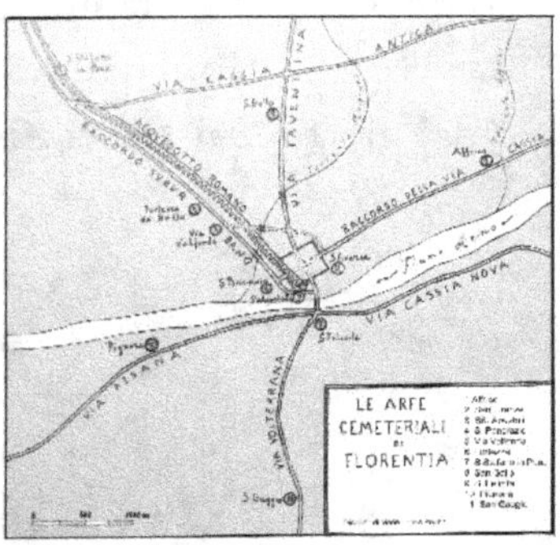

Figura 5: Pianta schematica della Firenze romana la sfumatura scura indica la posizione del grande cimitero villanoviano del IX-VIII secolo a.C. Si presume che le abitazioni si trovassero sulla vicina sponda del fosso Scheraggio proveniente dal Terzolle.

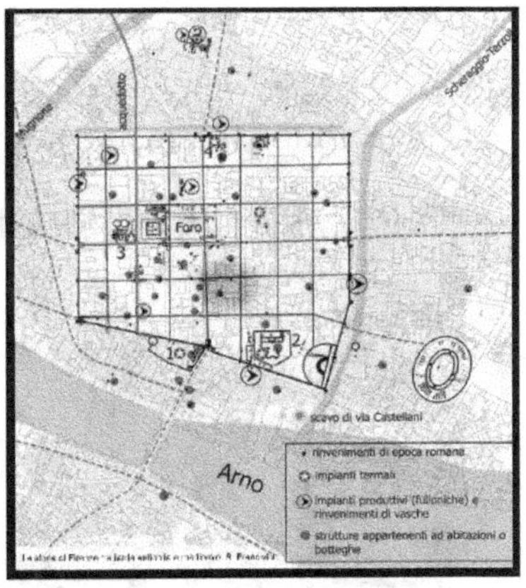

Figura 6: La probabile penetrazione villanoviana dalle Alpi orientali all'area bolognese e la penetrazione in Etruria che da Rimini e il Marecchia raggiunsero l'Etruria interna mentre scendendo sulla pianura dell'Arno raggiunsero a Pisa il Mar Tirreno stabilendo colonie lungo le coste non approdate dai greci o dai fenici, fino ai confini della Calabria.

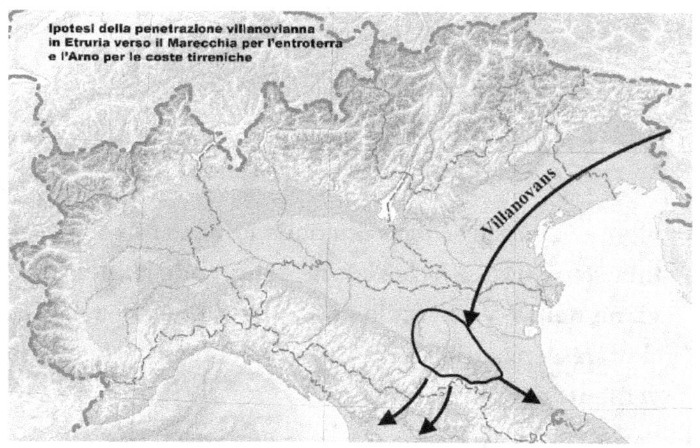

Figura 7: Manufatti etruschi rinvenuti nelle tombe dell'area di Firenze, in mostra nei vari musei.

Figura 8: Un manifesto del Gruppo Archeologico Pisano invitante i cittadini a partecipare a visite guidate alla necropoli etrusca col Tumulo del Principe etrusco scoperto tra il 1994 e il 1998, che chi scrive ritiene che il cosiddetto "principe" avesse accumulato la sua fama e ricchezza gestendo i trasporti marini e fluviali della città portuale.

Figura 9: dipinto dell'autore di questo saggio eseguito nel 1968 dopo aver scoperto l'insediamento Protostorico di Poggio di Firenze, che immagina l'aspetto de i numerosi siti preistorici e villanoviani distribuiti attorno sulle colline fiorentine e fiesolane.

Figura 10: tipico cinerario villanoviano, come ne sono stati trovati in Firenze e sulle colline di Sesto Fiorentino, Fiesole, Bagno a Ripoli ed Impruneta.

La Copertina: Un disegno del compianto amico Giuliano Fornari, rappresentante con molta fantasia, l'approdo di una nave egizia sull'Arno a Firenze, dove non mancano nelle varie tombe, uova di struzzo decorate e avorio lavorato reperti conservati nel Museo Archeologico di Artimino.

www.ingramcontent.com/pod-product-compliance
Lightning Source LLC
Chambersburg PA
CBHW050728260726

48661CB00001B/115